中國青銅器全集編輯委員會 編

中國美術分類全集

中國青銅器全集

1

夏 商

1

《中國青銅器全集》編輯委員會

凡例

一　《中國青銅器全集》共十六卷，主要按時代分地區編排，力求全面展示中國青銅器發展面貌。

二　《中國青銅器全集》編選標準：以考古發掘品爲主，酌收有代表性的傳世品；既要考慮器物本身的藝術價值，又要兼顧不同的器種和出土地區。

三　本書爲《中國青銅器全集》第一卷，選錄夏、商早中期青銅器精品。

四　本書主要內容分三部分：一爲《中國青銅器全集》序言、總論及本卷專論，二爲圖版，三爲圖版説明。

目錄

圖版說明

夏、商早中期青銅文化分布圖

序

李學勤

《中國青銅器全集》共十六卷的出版，是學術界的一件盛事。

中國夙以歷史綿遠、文明昌盛著稱于世界，地上地下有着繁多的文物寶藏。青銅器是中國古代文物一大門類，歷來極受重視。早在西漢，便有收藏和鑒定的記載。到北宋，出現了著錄青銅器的專書，如《考古圖》等，體例已頗完善，研究青銅器的學者更是輩出。清人崇尚考證，收藏研究青銅器的風氣進一步發揚，論作如林，成爲傳統金石學的大宗。

現代考古學興起後，青銅器研究得到新的發展，海內外有很多學者專門從事。尤其是近年，各地青銅器不斷出土，研究的成果也日新月異，可以説青銅器研究已經是相當成熟的學科。《中國青銅器全集》的編成，正是對這項學科的收穫作一概要的總結。

和傳統的金石學不同，今天的青銅器研究有兩個明顯特點：

第一，是以考古發掘的材料爲主要基礎。過去研究青銅器，因爲缺乏發掘的科學記錄，只能就器物做分别、孤立的論述。有了較多的發掘材料，就能運用考古學的理論、方法，將青銅器放在所屬文化背景中去認識。這是發掘工作所得器物特有的優長之處。當然，非發掘品有些是不能替代的，其珍貴的價值仍不可貶低。

第二，是進行多角度的研究。自宋代以來，中國學者研究青銅器，大多側重其銘文，即通稱的金文。銘文研究有很重大的成績，但究竟是青銅器各方面的一端。外國學者以往的研究，則多從美術層面着眼，也不能説是通觀全體。近年青銅器學者的共同趨向，是做多角度的綜合考察，并且盡可能利用種種現代的知識和手段。

由這兩點出發，在這裏不妨展望一下青銅器研究當前的若干課題。

青銅器分期的研究，理應排在首要的地位。對文化遺存進行分期的考察整理，本來是考古學的基本要求。青銅器的分期，應充分遵循層位學和類型學的方法，先將器物歸納爲多少組，然後再推求各組相當的時代。在歸組的整理過程中，既要根據器物形制的差異，也須注意紋飾的變化。經驗告訴我們，紋飾可説是青銅器的一種「語言」，常比形制更富于時代的敏感性。

傳統上大家習慣用歷史朝代，甚至王世，來劃分青銅器的時期，嚴格地説，這是不够妥當的。青銅器形制、紋飾等方面的變遷，不一定與王世的推移相吻合。即使是社會動蕩劇烈的朝代更替，像商周之際或兩周之際，青銅器的演變也是由微而著，真正的新風格要到改朝換代後一個時期才告形成。爲了方便起見，目前還不能不用朝代劃分青銅器，但在討論時，希望能够注意到這一點。

分期又必須同分區結合起來。中國幅員廣闊，從來是多民族、多地區的。考古文化的單線論，已被證明不符合歷史實際。中國青銅器發展的基本輪廓，經過長時期的努力，應該説已經摸清了。這只是就中原地區（廣義的）而言，從早期銅器以至商、周、秦、漢，構成了一條連續的線索。這條線索不能簡單移用到中原以外地區，究竟在多大程度上可以作爲其他地區青銅器演變的參考尺度，是有待具體探討的問題。

非中原地區青銅器的分期，應該分別研究。這裏必須消除的一種成見，是認爲中原的文化水準從來而且總是高于邊遠地區，各種文化上的創造進步都發生在中原，逐漸再向周邊影響傳播。多年以來考古工作揭示的歷史事實，是反對這種中原中心論的。近年的青銅器發現，如晉陝之間和兩湖一帶所出商代青銅器，較之中原絶無遜色。尤其四川廣漢三星堆、江西新干（舊作新淦）大洋洲的新發現，瑰麗奇偉，開拓了人們關於殷商青銅工藝的眼界。至于兩周時期，邊遠地區精美特異的青銅器更是不勝枚舉。中原和周圍邊遠地區之間的文化影響，實際是雙向的。

中國青銅器與其他國家古代文化的關係，也很值得探究。現在公認中國的青銅器有獨立的起源和發展脈絡，這并不等于説中國青銅器幾千年的演變進程是完全封閉的。已有不少證據，説明中國的青銅器文化影響了若干鄰近的國家和地區，也曾從境外接受、吸收過一定的影響。詳細瞭解這一問題，需要對各國文化作比較研究，是有待開闢的學術領域。

上面講研究青銅器不限于銘文，談分期、分區又强調形制、紋飾的作用。其實，銘文仍是中國青銅器最具特色的一個方面。青銅器的銘文在商代前期即已萌生，其後越來越繁多豐富，直至秦漢仍然流行，研究價值重大自可不言而喻。就是在分期、分區的工作中，銘文的特點同樣是有效的標準。不同時代、不同地區的銘文各有千秋，是研究者必須把握的。

中國考古學的一個特點，是同歷史研究密相結合。由于有許多文獻傳世，歷史時期的考古得以與文獻互相印證。王國維先生二十年代倡導的二重證據法，便爲這樣的研究開其先聲。青銅器銘文，特別是周以後的，與古書對勘，對探索古代歷史文化起有很大作用，是衆所習知的。

不少銘文所記事跡，能和載籍直接對照。例如利簋記武王伐紂，塱鼎記周公東征，何尊記營建成周，逘簋記封衛，克盉、罍記封燕，以至虢季子白盤記伐玁狁，駒父盨記征淮夷，諸如此類，均合于《詩》、《書》、《逸周書》、《史記》等古籍。至于西周職官多見于《周禮》，春秋人物常同于《左傳》，更能祛除對典籍的懷疑，有助于古史的重建。

尤爲重要的是，青銅器銘文好多内容爲現存古書所闕載。以近年發現的材料爲例，如西周裘衛鼎、盉所記土地買賣，𠑇匜所記法律判決，史密簋、晉侯蘇鐘所記重要戰役等，均能補文獻之不足。即使是東周銘文，如中山王䜭鼎、壺記述的中山伐燕情況，也未見于任何書籍。類似的珍貴銘文，今後一定會再有發現。

應當指出，青銅器銘文雖然已有長期的研究歷史，仍有不少疑難留待解決。這首先是和整個古文字學的現有水平相關的。青銅器銘文存在的時代跨度長，形式種類多，超過其他的古文字材料。比如商代至周初大量存在的所謂「族徽」，性質尚未完全清楚；東周風行的鳥蟲書銘文，不少難于辨識；六國「古文」的銘文，也有好多没有讀通。儘管學者們作出努力，真正釋讀出一個字，乃是很不容易的事情，不要説全篇銘文了。

在青銅器銘文中，還有一些是當時少數民族的文字。一個重要的實例，是四川及其附近發現的巴蜀文字。雖然尚不能解讀，但由其施于璽印看，性質是文字應爲可信。又如湖北、湖南幾個地點出土兵器有成行符號，有人釋作「棘」字（越南曾有同樣器物出現），究竟怎樣理解，學術界正在探索。

青銅器銘文的價值，又在于可以用來推定年代。經過同文獻記載聯繫考訂，有不少有銘器物所屬王世能够確定，從而延伸到同出或同型的其他器物。有的銘文包括年月、月相及日的干支，是年曆學研究的重要依據。其間月相的意義，學者意見紛紜，最近因有新材料發現，即將得到定論。

在銘文以外，青銅器功能的研究也有賴于與文獻參照聯繫。中國古代青銅器類别甚衆，其最重要的是禮器、樂器，原來的用途在于各種典禮，所以如果不通禮制，便不能理解這些類青銅器的功能，以及所蘊涵的文化意義。孔子曾論及三代之禮彼此因革損益，歎息文獻不足，夏殷之禮已不足徵。我們通過禮樂器實物以印證周禮，進一步上溯夏商，便可彌補這一缺憾。

青銅器之間的組合，是和其功能分不開的。例如在鼎中設匕，是爲了取肉；方彝中置勺，是爲了挹酒。盤與盉或匜相配，後者用以澆注，前者用以承水。種種禮樂器的配置，都是依照禮儀的程序安排。有時，青銅器還會和其他質料的器物結合在一起，在墓葬中常可見出這種迹象。

用現代的科學技術分析研究古代青銅器，起始雖然很早，三四十年前還是少見的。這種研究把考古學和科技史溝通起來，近年取得了相當豐富的成果，其前景尤爲廣闊。

與青銅器有關的這方面研究，應先提到古銅礦的探索。前些年，人們只知道湖北大冶的銅綠山，後來調查發掘的，有湖南麻陽、安徽銅陵、江西瑞昌、內蒙古林西等地點。其時代早的上及殷商，晚的也要到戰國時期。礦中出有各種設施、工具和生活用器，有的還有銅錠，爲研究青銅器原料的採取提供了實證。

青銅器合金成分的鑒定，曾經有好多人做過，意義已爲大家所認識，可是由于條件的限制，這項工作離普遍展開尚遠。這裏應當特别提到鉛同位素比率的測定，可藉以辨知器物原料的來源。最近的一些結果顯示，若干商代青銅器的原料可能來自雲南，引起學者的關切，工作值得深入做下去。

關于青銅器鑄造技術的研究，已經有了相當好的成績。古代鑄造遺址中發現出大量陶範，如殷墟苗圃北地、洛陽北瑶和侯馬牛村古城南所出，對作爲中國青銅器工藝主要傳統的範鑄的研究，極爲寶貴。不過，近時一些發現表明，失蠟法鑄造在東周時已頗發展。用此種方法製成的曾侯盤尊，年代是戰國早期，結構的繁複達到極點。淅川下寺出土的盞、禁等，早到春秋中期後段，技藝也已甚精巧。看來，發現更早的失蠟法鑄件是不無希望的。

涉及青銅器工藝的科技問題多種多樣，例如銘文的製作方法，就是使很多學者搔首的疑難。仿製鑄作銘文的陽文陶模，有過不同的嘗試，都不能説完全成功。刻成的銘文也有不少難題，如刻字始于何時，便没有固定的答案。長期以來以爲戰國才有刻銘，更早的例子，像傳易縣所出的齊侯鼎，被疑爲仿刻。前些年，在滕州薛城出土了春秋中期的刻銘簠，改變了人們的看法。藏在美國賽克勒美術館的一件刻銘缶，即因此確證爲真。最近在曲沃北趙村晉國墓地，又發現有長篇刻銘的編鐘，把刻銘的歷史上推到西周晚年。這些器物表面硬度如何，要用怎樣的鋒刃器才能如意刻劃，很需要回答。

工藝還包括青銅器的各種加工，如器物表面的物理或化學處理，以及繁多的裝飾手段，包括鑲綠松石、嵌紅銅、錯金銀、鎏金銀等等。一件美觀精工的器物，每每需要非常複雜的工藝程序，才得最後完成。想知道這些加工程序的細節，必須做縝密的分析實驗。大家知道，透光鏡秘密的揭開，就是通過反覆實驗成功的。由透光鏡的研究，導致銅鏡的多方面技術研究，取得了一系列成果。這是青銅器科技研究的一個佳例。

對于中國古代青銅器，又必須作美術史的鑒賞研究。中國青銅器，大多數是很好的美術品，而且有相當數量在美術史上應佔崇高的地位。

如上所述，中國青銅器的工藝傳統是逐件鑄造加工，所以每一重要器物的製成，都是一次美術創作過程，藴涵着匠師思想和技巧的發揮。有些寶器銘文中載有匠師的名字，例如最近出現的一件越王州句劍有「余邗（餘汗）工利」之名，與中國歷史博物館的殘器同文。這類匠師和文獻所見干將、歐冶子等一樣，其成就是值得紀念的。

不難看出，青銅器的造型紋飾無不經過精心設計。器物的形狀美觀，局部有適宜比例，色彩亦力求調諧。早至二里頭文化（很多學者主張屬夏代），已有嵌綠松石獸面紋牌飾這樣的藝術傑作，花紋生動細膩，同時以金碧二色對比，十分富麗鮮明。僅此一例，已可見當時人們審美的水準。

歷代青銅器自有其獨特風格。殷商之器神秘奇異，西周之器典重莊嚴。到春秋中葉，風氣轉爲清新繁細，戰國時及于高峰。秦漢時代，則又變爲素雅。藝術風格的流變，明顯體現着當時文化的精神，是需要今後探究的大題目。

作爲專門的分支學科，青銅器研究可謂前途無量，與其他學術的關聯也日趨廣泛。爲了推進這方面研究的發展，有必要把最重要、最典型的青銅器匯集起來。現在呈獻給讀者的這部《中國青銅器全集》，規模宏大，選材精當，其攝影、印製俱臻上乘，既有高度的學術水準，又有突出的美術價值，正是大家期待的好書，我們應對編著出版這部書的各位致以謝意。

中國青銅藝術總論

馬承源

中國商周青銅藝術是非常輝煌的，但中國青銅器起源于何時，目前還沒有確切的考古發掘資料足以説明問題。公元前二千年左右的黃河上游銅石并用時期的齊家文化遺址中，發現了用紅銅鍛打、青銅澆注的小型飾件和一些手工工具。早于齊家文化的黃河中游的仰韶文化、黃河上游的馬家窰文化和黃河下游的龍山文化遺址中，間或發現過銅或銅合金的工具和殘片，這些資料對于探索中國青銅器起源是很重要的，但是距問題的明晰解決還有相當距離。

青銅器作爲中國古代社會文明的標幟性成就，是在夏代出現的。河南偃師二里頭文化遺址和山西夏縣東下馮二里頭文化遺址中，發現了一些青銅酒器、兵器和樂器，還有鑲嵌綠松石獸面紋的牌飾等等。目前的考古發現爲夏代晚期的青銅器，早于此的器物還不大清楚，但二里頭文化遺址中出土的青銅器已採用塊範鑄造技術，器壁勻稱，有數種多寡不同的青銅禮器發現，其中鑄作較精的器物表明，夏代晚期的青銅器已不是原始的青銅鑄件。

對二里頭文化的認識有一個相當長的過程，早期討論中認爲二里頭文化四個堆積層次全部是早商文化的傾向性見解，今已不被採用。和商代早期文化對比研究，器物存在明顯差異，二里頭文化地域分布和夏代版圖相符合，二里頭文化的碳十四年代測定都在夏積年的範圍之中，這就自然地導致了許多學者對二里頭文化爲夏文化的共識，并將由此進一步引導對夏代青銅文化更深入的研究。

史載夏王朝積年四百七十一年。現代史家均以公元前二十一世紀至前十六世紀爲夏王朝存在的時間。商周時代已有夏禹鑄九鼎的傳説，史料中更有夏禹之子夏後啟煉銅的記載，這是夏王朝冶銅業的背景資料。文化分布、出土實物和背景資料這些基本因素的組合，構成了一幅黃河中游兩岸早期青銅時代簡約的畫圖。可以推定，夏人在公元前二千年以前必已是擁有初步冶銅業的先進氏族了。到公元前十八、十七世紀，就掌握了相當的鑄作技術，生産出諸如爵、斝、盉、鼎等青銅禮器以及青銅兵器。夏代青銅器一開始就出現禮器和兵器兩大類，這是很值得注意的。夏代青銅器鑄造業的産生和發展不可低估，因爲它導致了此後商代和西周時代青銅器鑄造業的持續發展。從此禮器和兵器的鑄造一直是青銅器的主要部分，青銅藝術也主要是禮器和兵器的藝術，并成爲千餘年間物質文化最重要的構架。

大體上，青銅時代的下限，在西周晚期和春秋早期之際。從技術上看，鐵工具發明和有效使用應該是標幟了青銅時代的終結。以往這一界限列在春秋戰國之交，即公元前五世紀。隨着考古工作的開展和物質文化發現的進展，顯示西周晚期已有鐵器的使用。新發現的十六枚晉侯蘇編鐘，全部銘文三百餘字，都是用鋒利的鐵工具鏤刻的，刀痕清晰可辨，如果没有滲碳的鐵工具，難以臻此效果。這種用鐵工具刻銘的西周晚期青銅器已發現了數起。其次，春秋早期已經出現了一些經科學分析爲人工鍛造的銅鐵合鑄的兵器，上海博物館所藏春秋中期的鐵刃銅戈的内部，經分析爲鍛打的人工鐵，不含鎳的成分。這種先進的技術，當然不是短期内能够形成。但是鐵兵器和鐵工具的運用，即春秋鐵器時代的到來，不僅没有降低或壓抑青銅鑄造業，反而在更大規模和更高的技術水準上發展了青銅器的生産，從而使青銅藝術呈現出嶄新的面貌。「國之大事，在祀與戎」，青銅禮器用之于祭祀，而青銅兵器用之于戎事。國事如此，家事也是遵循了這個原則，并不因爲鐵器的生産，而降低了對青銅器的需要。春秋戰國時代在祭祀和戎事的同時，更發展了對生活實用青銅器的需求，并隨着東周諸侯國統治階層的擴展而大大增加了産量。出土和傳世的春秋戰國青銅器的數量以空前規模擴展，而成爲歷史的壯觀。春秋戰國雖然進入早期的鐵器時代，但青銅器鑄造的規模仍然很大，隨着冶鑄科學技術的提高，在新的生産力和生産關係作用下，青銅器不僅没有衰退，反而以嶄新的器類組合和全然相異的藝術風格，呈現于諸侯紛爭的歷史舞臺上。

青銅禮器是商周社會統治階級等級制度的産物，并且是其頗爲輝煌的標幟。這是青銅器存在的主要社會條件。春秋戰國諸侯及統治階層競效奢侈，青銅器更是炫耀地位、權勢和財富必要的陳設。及至秦統一六國，建立起中央集權制的統治，社會條件起了很大的改變，青銅器體制及其藝術也失去了存在的土壤，于是迅速走向衰退。到了漢代青銅器則成爲日常生活中的實用器物，雖然也有一些精緻的工藝品出現，但與往昔光輝燦爛的黄金時代相比較，只是星星點點的餘輝了。

一 夏

夏代的青銅器已發現的有禮器、兵器以及鈴和牌飾等，發掘品所獲不多，流散的器物頗爲罕見。凡所知資料，都已蒐歸在本集之內。

最早發現的夏代青銅器是蒐集的而不是發掘所得，這是一件有管狀流的爵，上口爲前後尖瓣，前瓣上翹，後瓣的爵尾較平。體扁而狹，下腹膨大部分是有孔的裙邊，前瓣下置管流，流上有二道脊飾，裙邊下擺三足原有缺損。這件爵（或稱爲角，功用和爵一樣）是一九五六年上海博物館自廢銅中所得的，由于器形特徵和二里頭文化的陶管流爵相似，因此定爲商代鄭州二里崗期之前的青銅爵，這是最早認識的夏代青銅器。

本集内所錄的夏代青銅器至少有以下幾個特徵。

第一，青銅器的形體往往有同時期陶器形體的或多或少的影響。尤其是爵、斝和盉等器形的整體或局部表現得很明顯，有的青銅爵很像陶爵，三條尖足附于器底的外側，和同類的陶爵做法完全一樣等等。可以認爲，夏代遺存的部分青銅器尚處在祖型于陶器的階段，和商代早期的器形很不相同。

第二，夏代的少數青銅禮器有做得比較精巧的。如偃師二里頭出土的一件爵，流特别細長，三足尖端呈彎弧狀，造形準確。這個瘦小、優美的爵，已經没有陶器的特點，和一般夏代爵不同，和商代早期爵也不同，是新穎的設計。個别斝也有這種創造性的設計，式樣較爲新穎，器物的壁比較薄。這可能反映的是技術上的精粗之别，更可能反映了夏代早期和晚期産品的差别，夏代晚期處理器壁匀薄的技巧，在商代早期的器物上得到普遍的採用。青銅器是珍貴金屬，早期器傳之後代，并不足奇。

第三，夏代青銅禮器的裝飾除了圓點、圓塊和幾何紋以外，還沒有其它具體的資料，但是傳世和出土的多件由綠松石鑲嵌而成的動物頭部的牌飾，似乎已經形成了基本的模式。牌上的動物頭部除兩眼之外，其它部分是抽象而不寫實的。二里頭遺址出土一件戈的內部也有抽象的動物紋樣。商代早期的紋樣都不是具體表現實樣的。由此可以知道，夏代青銅器上的動物紋裝飾，實爲商代同類青銅器紋樣的濫觴。

第四，蒐集和發掘所得夏代青銅禮器有爵、斝、盉、鼎等器類。爵是酌酒或注酒器，斝是祼器，盉是酒器或水器，鼎是飪食器，雖然材料還不全面，但是以酒器爲主體的商代青銅禮器的特點，在夏代的遺存中已經有了初步的體現。商代早期的青銅器體制，并不是獨自建立起來的，夏代的青銅器，已經提供了雛形。

二 商

（一）早期

史載商王朝傳世六百載，是中國古代積年最長的王朝之一。據説商的始祖契「佐禹治水有功」，商族和夏族是并存的兩個部族。强大的夏王朝統治着中原，但商族并不强大，自契至商湯十四世八遷其都。商湯取代了夏的統治建立商王朝，至盤庚約三百年間又五遷其都，可見，商部族是在不太穩定的情形之下，渡過了漫長的歲月。在地理和社會條件方面商部族不如夏部族優越。成湯以前商代青銅鑄造業有何等規模，產品如何，至今還沒有具體的資料可言。盤庚以前五遷，除河南鄭州發掘的商城可能爲隞都之外，其餘遺址都不能確定爲商都。隞都爲仲丁所遷，自成湯至仲丁爲六世十王，成湯至盤庚爲十一世十九王，仲丁適居其中。商代早期青銅器的發現以鄭州二里崗商城及其周圍的南關外、紫荆山、白家莊、杜嶺街等地最爲集中，然而鄭州發現的商代早期青銅器很可能大部分已非商湯之後數世最早的器物了。相對而言，多數青銅器仍可當作是商代早期的產品。

商代早期青銅器已建立起較爲完整的體制，尤其是禮器的體制相當有系統。飪食器有大方鼎、圓鼎、扁足鼎、簋和瓿，酒器有爵、觚、斝、提梁壺、小口壺、盉、提梁盉、大口尊等，水器有盤等等。此外，兵器戈、戣和工具钁、斧等發現了不同的數量。

商代早期的青銅器一般都比較匀薄，這體現了當時陶質塊範的合範技巧有較高水平，當時在追求器壁匀薄方面是分外努力的。很多爵和鼎、鬲的口緣往往有一圈加厚層，顯然是爲了防止過薄產生破裂。這個現象也可能和銅料的來源有一定關係，就是説開礦提供的銅料不够需求，只能採用省料做出薄壁器物的辦法。早期青銅器鑄作水準較高的另一方面是紋飾的線條邊緣極其清晰峻深，有的甚至相當勁利。這反映了製範技術甚爲成熟，有着很好的鏤刻控制能力。同時，這一點也和早期青銅器的銅錫合金成分中含鉛量較高有着一定關係。此時青銅器含鉛量高的器物外觀效果很好，但是對于實際使用是不利的，這一點當時的人們未必瞭解。早期青銅器特别是二里崗上層的某些器物，已經出現分鑄的技術，壺和盉的提梁，能够提繫擺動。從渾然一體的合範鑄造，到能掌握分鑄技術，從而生產比較複雜的器形，無疑是一顯著的進步。

商代早期青銅器的某些特徵應該予以注意，如鼎、鬲之類除扁足鼎是實足以外，其餘都是圓錐形款足，鄭州出土的大方鼎則是採用空的平根柱足。但是錐形款足和鼎鬲的腹底是相通的，如果鑄件的內範清理乾淨，則鼎、鬲腹底有三個大孔和足相通，這對使用不便，于是有的器足內範鏟到和器底平，使食物不致漏入孔內。這對器物的美觀無疑也是一個問題。這一情形説明，商代早期的製範技術雖然已相當進步，但是不能解決器足內範浮懸的固定方法，造成了鑄件的缺陷，從而反映了它不够成熟的一面。

商代早期青銅器普遍施有紋飾，不施紋飾的器物極少。某些工具也有一些象徵性的紋樣。這是商代早期青銅器很顯著的一個特徵，和夏代的器物多數不施紋飾形成了對比。

商代早期青銅器紋飾大都採用獸面紋，所謂獸面紋是指紋飾所表現的都是各種獸頭的正視圖像，這類紋飾舊稱饕餮紋，但古代神話中的饕餮是指有首無身的食人凶神。青銅器上的獸面紋種類很多，形象彼此頗有出入，稱它爲饕餮紋，只不過是當作符號的稱謂而已，其實它是許多獸類固定模式的正面圖像。獸面的兩側，是平行的簡單而粗獷的條紋，圖像從横向中間分開，末端作魚尾狀。橫向的條紋近乎動物的軀幹，軀幹上一般都有短鉤狀的線條，上下都有。除了雙目以外，大都没有具體的或局部的寫實形象。雖然簡單的寫實描繪對任何的藝匠都不會有技術上的問題，但奇怪的是却没有任何的寫實意味。在禮器的動物紋圖案上鉤曲形線條刻劃得粗獷勁利，鉤尖處則尤其規矩。這類有鉤曲條紋的變形動物紋和龍山文化陶器上刻劃的紋樣有類似之處。良渚文化玉器上的動物紋樣也是用極細的鉤曲形和回形的紋飾來表現，而不是用其它的幾何紋或别的紋飾來表現。鉤曲形條紋稍爲縝密一點就是雷紋，商代早期後段一些青銅器的獸面紋全面向構圖精緻方面發展，鉤曲形條紋就以雷紋的形式出現，這樣鉤曲條紋和雷紋成爲器上諸種靈物崇仰的共同的特殊徵象，可能有其特殊含義。

商代早期的動物紋樣，基本上是變形的，或者是象徵和含蓄的，構圖形象不採取誇張的手法，獸目和獸角應該是最能顯示物像特性的部分，然而早期紋樣的獸目都没有任何特意强調之處，只是一對圓點而已。獸角的部位甚至採取了難以引人注意的小的鉤曲狀條紋。由于所有圖像的表現没有確定的實體對象可以作爲構形的憑借，因此想象或幻想的成分很多。風格比較怪異和帶有某種神秘感結構圖案使人覺得它的藝術形象尚在萌發的階段。商代鳥類紋樣在青銅器上的出現大約在早、中期之際。早期的後段出現了以獸面紋爲主，兩側配置有物像的圖案，配置的圖形有小獸，也有鳥的頭部。特别是鳥的配置形式和良渚文化玉琮上神人兩側配置的鳥紋圖案極其相似，差别是良渚文化玉琮上神人兩側配置的鳥頭向是相背的，商代早期配置的鳥形頭向有相背和相向兩種，而以相向的爲主。考慮到良渚玉禮器有相當部分在商文化中被繼承下來，商代早、中期之際鳥紋作爲主體獸形配置這一特殊圖像的出現，應該和良渚文化玉琮紋樣主題有一定聯繫。

（二）中期

商代中期的青銅器，至今没有大量的或系統的發現，大都散見于各地出土的資料。原因可能是遷殷以前的幾座商代都邑，至今除鄭州商城外，其它還没有發現，因而表現這一時期商代青銅文明的遺存也就難于窺視全豹。值得注意的是，以前安陽發掘的二三二號墓、三三一號墓、三三三號墓、三八八號墓等墓葬，在地層上屬于殷墟頗早時期遺存，墓中出土的青銅器，對比各地出土的資料來看，有一些是屬于商代中期或中、晚期之際的器物，對于瞭解商代中期的青銅器有着重要的意義。出土這一時期青銅器的地點有：河北藁城臺西村，北京平谷劉家河，河南鄭州向陽回族食品廠，陝西洋縣和城固縣，湖北黃陂盤龍城，安徽阜南等地。這些地方出土青銅器的情況各有不同，如河北的藁城臺西村、北京平谷劉家河和湖北黃陂盤龍城出土于墓葬，河南鄭州向陽回族食品廠、陝西洋縣、城固縣等地的發現主要是窖藏，没有其它的伴存物。此外，江西新干（舊作淦）大洋洲出土的商代中期青銅器上，後代改鑄的遺痕極其清楚，它的埋存年代當須進一步研究，因爲以後歷史時期改造的器物不可能埋在商代的地層中。新干青銅器的情形和黃陂盤龍城不同，不能相提并論。

商代中期的器物大致有以下的特徵：

（1）器物比早期厚重，尤其是口部。

（2）器物品類增加，出現了四足鬲、扁體提梁壺、廣肩斂口罍、小口長頸空錐足提梁壺，等等。

（3）斝和爵的柱有充分的發育，圓筒體的圜底爵開始出現。形體不穩定的扁體平底爵逐漸退出禮器行列。

（4）與寬體觚流行的同時，出現了細長的喇叭狀觚。

這些器物造型的變化和新的器類的出現，説明青銅禮器造型向着較爲成熟的方向進展。

商代中期青銅器紋飾的變化比較顯著，首先是紋樣裝飾特點加强，那種闊線條的獸面紋，被條紋比較繁密的圖像所替代，線條勾勒精工。早期獸面紋本來很抽象，屬性特點不明顯，中期獸面紋包括其它紋飾在内，常見的現象是獸面額頂的角大大地擴展了，顯現出一定的威嚴感。

在一些大型器物如尊、罍等肩上裝飾犧首或羊首等浮雕，最突出的如阜南的龍虎尊、獸面紋尊，黃陂盤龍城的獸面紋罍，城固的獸面紋罍等。説明在藝術裝飾和表現手法上都有進步。在一些器上動物紋樣的主幹部分也呈浮雕狀突出，相應的器體内壁也向外突出。獸面紋的吻部出現了值得注意的變化，即吻沿上出現了細小的齒紋，但没有形成晚期的獠牙。這個變化雖小，但是一個值得注意的現象。

除了獸吻之外，雙目的改變也值得注意。早期的獸目，一類爲有眼角型，瞳仁圓而大，眼角尖而小；另一類爲無眼角型，僅有圓形或橢方形的瞳仁。這兩類獸目在中期仍然使用，但是有眼角型的獸目在比例上更爲大一些，而且內側的眼角有明顯擴大的現象，本來眼角兩側比較匀稱，擴大了的內眼角和擴大了的瞳仁使得眼神具有凶奇之感。外眼角越來越小成爲微小的三角形，進一步的發展是內眼角的角尖往下垂。獸眼在中期的變化，值得重視，這種變化乃至形成了時代風貌。

（三）晚期

盤庚遷殷，商代六百年的歷史進入强盛的後期階段。盤庚遷殷不是青銅器發展的界限，商代青銅器的晚期大約在殷墟成爲政治、經濟、文化的强大中心之後出現的，很可能是在商王武丁時期。殷墟由于長期的發掘，研究工作成果卓著，但是學者們在殷墟青銅器的斷代問題上，仍然未能取得一致的意見。一九七六年發掘的殷墟婦好墓，一些學者認爲是武丁配偶之墓，墓中出土的青銅器便斷定爲武丁時期器，即殷墟第一期時器。一些學者則認爲婦好在甲骨文中是商王內宮的官職，并非只存在武丁時代。此婦好究竟屬于哪一個時期，還要看相應的器物而定。婦好墓中出土的青銅器精美絶倫，其鑄作水準和藝術成就標幟着殷墟青銅文明最爲成熟時期的到來。遷殷後二百七十三年，武丁屬于前期，在甲骨刻辭的分期中，武丁屬于第一期，而上述的小屯三三一號墓、三八八號墓、二三二號墓、三三三號墓等墓在殷墟爲最早，假使這批墓葬大體上屬于同一時期，那末接下去應是武丁之世，但是婦好墓出土的青銅器，無論是形制或紋飾，與此不僅不相連續，而且有相當距離。顯然，婦好墓這批成就最爲卓越的青銅器斷于殷墟早期，過於勉强。對商代晚期的青銅器，應該有切合于實際發展情形的評估。

商代晚期青銅器的發展有着長時期的過程，一般考古學家把它分爲幾個發展時期，通常爲三期或四期。其分期的依據主要是按陶器的地層排隊，地層的早晚決定共存青銅器的先後，這些自然是科學的和必要的，在相當程度上解決了青銅器斷代的有關問題。但是青銅器畢竟有其自身的獨特情況，如青銅器可以傳子孫，甚至可以傳許多代：如商墓中出土夏代青銅器，西周墓中出土商代青銅器，周武王時代的利簋出土于西周晚期的窖藏中，而陶器不會有這樣情形。中原青銅器在周邊地區可以産生長期的影響，如巴蜀的某些戰國兵器還存在着商代的形式，在陶器上也不存在這種現象。所以對青銅器應參考地層關係按照自身變化的規律來觀察它的發展軌跡。商代晚期青銅器除了一般的器形外，器物新形制的次第出現，也可以作爲青銅器發展的軌跡來看。裝飾內容、手法和技巧的次第出現，也是青銅器另一發展軌跡。至于青銅器的銘文內容更是判斷其所屬年代的主要資料。

商代早中期的青銅禮器以酒器爲重，商代晚期更是如此，酒器品種之多是商族朝野嗜酒習俗的反映。周康王時代的大盂鼎銘文説：「唯殷邊侯甸與殷正百辟，率肆于酒」，對照晚期青銅酒器大量遺存，周康王的誥詞并非只是敵對的政治宣言。青銅酒器的發展和變化是觀察商代青銅禮器歷史軌跡的重要方面。

商代晚期除了尋常的酒器，較早的時期流行大口尊，它是中期的繼續，不過到了商晚期有更多的變化。大口尊在殷墟較早時期具有標幟意義，一般器形較大，比較雄偉；現存的大口尊，不少是殷墟以外地區所出，製作瑰麗，在殷墟的發掘品中頗不多見。斝在這一時期也是它發展最壯麗的階段，發達的雙柱和魁偉的形體，配以丁字形寬大的三足，使斝的造型臻于完善。

在殷墟時期，繼大口尊和瓿等大型器物基本消失之後，除了一般的器物以外，出現具有時代特徵的器形是扁壺和罍。扁壺是新出現的大中型酒器，整體呈扁形，壺頸寬長，腹部逐漸膨大。扁壺形體可施紋飾的面比較大，因此不少是鋪滿紋飾的，有的非常壯麗。和扁壺差不多時間出現的是小口寬肩高體罍。個別的或少量的立卵形罍在殷墟稍早時已經出現，但是形成爲寬肩高體平底的形狀，并有較多的發現，則在殷墟中期。此時容酒器還有具屋頂形蓋的方彝，婦好墓出土如長形建築的偶方彝，是特殊器形。祼酒的觥也在此時出現。最爲精緻富麗的鳥獸形觥和鳥獸形尊等酒器，如婦好墓所出的鴞鳥尊、怪獸形尊等，整體都作鳥獸形，但恰當地結合了器物的實際用途。也有一類以容器的造型爲主，在某些部位作鳥獸形的裝飾，如四羊方尊、雙羊尊等等。這些藝術造型特别杰出的青銅器的出現，標幟着殷墟青銅器已進入興盛的高峰。

在殷墟中期，食器鼎和簋出土的數量漸多，婦好墓有一批形制較大的圓鼎和方鼎。司母戊大方鼎是迄今爲止殷墟發現鼎類中最大的器，以前一〇〇一號大墓中發現的牛鼎和鹿鼎是中等形制。商代極其重視對鬼神和祖先的祭祀。重大的祭典有的需用牲，或大牢或少牢。這些雄偉的鼎是專用于祭祀的。婦好墓中銘「婦好」的器可兼用于宴飲的各類圓鼎有七種，甗有三種，還有三聯甗一大具。除了實牲和肉食的鼎之外，簋也較多地出現，婦好墓出現了一批無耳簋，這是殷墟中期簋很流行的式樣。考古發現和傳世的實物證明，殷墟中期青銅食器的鑄造有了頗大的進展，顯示了飪食器在當時禮器中的重要位置，商王室青銅祭器中少量食器的形體甚至大大地超過同出的酒器。

殷墟晚期酒器的鑄造很興盛，在最後一個階段具有標幟意義的青銅酒器是扁體提梁卣和喇叭形口尊的出現。扁體卣的用途大約是取代扁壺的，至今還没有發現卣和扁壺共同組合的實例。傳世的扁壺和卣形制特徵也有不同，如扁壺的圈足多有穿孔，圈足器穿孔的做法大體上只到殷墟中期爲止，殷墟晚期圈足器幾乎都不穿孔。提梁卣是和扁壺交遞的產物。喇叭口形尊和廣肩大口尊也是如此，當殷墟晚期喇叭口形尊流行之時，廣肩的大口尊幾乎絶跡。

殷墟晚期飪食器中鼎類也有所變化。腹部呈膨大下垂之勢的鼎已開始出現，如戍嗣子鼎。還出現了曲壁的中部稍有收束的圜底鼎。方鼎流行直壁槽形的式樣，之外還出現了中部收束曲壁的器形；鬲鼎相當盛行，成爲鼎類中主要的形制之一。殷墟晚期飪食器門類和品種的擴大，成爲當時青銅器鑄造方面新的趨勢。

殷墟時期青銅器紋飾有着更大的進展。早期主要是用平整光潔的繁密線條來表現各種動物紋飾，浮雕只是用在附飾上。大量是細緻縝密極其精麗的紋樣，這類圖像最引人注意的是動物的雙目極其誇張，有的內側眼角甚至擴展延長到極限，相當突出的圓睛，平整長條形很闊的眼角和獸體精細的雷紋具有强烈對比，形成了極其怪異神秘的風格。這擴展得很長的眼角有的前端下垂彎曲成鈎形，獸類如虎、豹之類內眼角向下有一塊滲泪水之處少毛的皮層，獸面的目紋是將這一部分誇張并與圓睛連成一體，而成爲非常奇怪的獸目。獸面的口部也有着誇張的描寫，殷墟早期器上獸面紋鼻的中線不通到底欄，表現爲大口咧，口中出現大小疏落的齒，獸面踞伏式的利爪開始形成。獸面紋作爲威懾形態特徵的各類雙角，更擴大其所佔位置，差不多佔了橫切面的一半。

獸面紋的主幹部分出現較多的浮雕是在殷墟中期。有的突出得有相當厚度，像獸角之類甚至雕刻成周邊次第堆高的層次，舊日市肆稱爲「三層花」。還出現了一些軀幹展開不多，或完全没有軀幹，即所謂有首無身的饕餮紋。其實有首無身是圖案本身的便化規律作用的結果。

獸面紋的種類很多，但目、鼻、口之類的形狀彼此大體相似，所不同的是各種角型，角型大概是區分不同獸面紋的主要標幟。獸面紋的題材有牛、羊、虎、熊、獸角人面、龍角人面以及其它的怪獸等等。同一件器上有幾種相似或形象完全相同的獸面，而角型則彼此不同，有的角甚至表現爲龍蛇的形狀，構思極爲怪異。商代晚期獸面紋的角型遠比中期豐富。鼻翼直通下欄，幾乎没有例外，咧口很闊，口中的獸牙不再成爲鋸齒狀，而是成爲上下交錯的獠牙。

此一時期獸面紋兩側配置的動物沿用中期的鳥紋和龍紋，還出現了鳥紋和龍紋成組配置的紋樣。這種商代主體物像兩側配置鳥紋的同類圖像在較大的青銅器上常可見到。獸面紋上這樣奇特的配置鳥類的紋樣，有何獨特意義呢？這首先要從紋飾的性質來看。商周青銅器上的動物形主題紋飾，都不是世俗間的真實動物形象，而是人們幻想中的超自然神。那時人要祭祀百神，祈求天帝們的保護，爲了對神的虔敬，于是在禮器上出現了這類神。幻想中的形象是從自然的物像中提煉凝聚而成的，所以它似牛，又不是牛，似羊又不是羊，它比《山海經》中所描述的天神地祇更爲奇特，把動物凶野强悍的因素集合起來，形成各種不同的物像。良渚文化的玉器上半人半獸和獸面紋所體現的，就是青銅器上這類紋飾的濫觴。最奇怪的是良渚文化玉器上半人半獸和獸面紋的主體紋兩側都有鳥紋配置，商代的青銅器上獸形主體紋飾的兩側同樣有鳥紋配置，而且很普遍，這不是偶然的相似，而是遠古神話和信仰的繼承現象。商代的玉器也吸收了良渚玉器的不少因素，史前文化中的玉器，以良渚文化的最有成就，經過文化的傳遞，若干因素爲商文化所吸收，採用是合理的歷史現象，不過商代青銅器紋飾中有更多更爲豐富的主題。配置的不僅有各種鳥類，而且還有龍，想像力更爲豐富。鳥是這些獸形物像的使者，甲骨卜辭有「于帝史鳳二犬」，有理由相信，古代神話中的鳳鳥是帝使，也是風神，負有向世俗傳達信息的使命。青銅器上的獸面紋的作用是向帝和神人即上天表達世俗的願望，簡言之，就是希冀天人相通。天人相通的思想在西周青銅器銘文中有進一步的表現。西周時代許多銘文之中，都說到這種天人關係。如虢叔旅鐘：「皇考嚴在上，翼在下，數數臬臬，降旅多福。」井人鐘：「前文人其嚴在上，數數臬臬，降余厚多福亡疆。」㝬鐘：「先王其嚴在上，臬數數，降余多福。」「在上」是指帝或上帝，𢿢狄鐘：「先王其嚴在帝左右」，這就說得非常清楚了，這是强烈希冀人天相通、降福子孫的願望。在商代人們企求諸帝通過鳳來示意于下民。在青銅器紋樣上有廣泛的更爲豐富的表現。從這個角度看，獸面紋的主題是神、是帝，而不是普通的牛羊之屬。它是商代人文方面很值得注意的習俗。

商代晚期不僅獸面紋和走獸形狀的紋飾有極大的發展，而且鳥紋的種類也多了起來。它的構圖也有正視展開和側視佇立的兩種。正面展開的方鼎的四角是鳥身，兩翼向左右的鼎腹展開，如鷙鳥紋、鳳紋和鴞紋等，也有對稱佇立的形式。鳥的形狀有長羽冠的、短羽冠的；有長尾、也有短尾。比較商代中期以鳥頭代表鳥的形象，的確有了很大的進展。殷墟晚期出現的鳥紋都作威猛的形狀，殷墟有以鳥形作爲器物的重要部位，如斝柱之鳳形裝飾，鳥形爲扁足鼎之足等。殷墟晚期有以鳥紋爲裝飾母題者，如鳥紋方尊。一種提梁縱向裝置的卣，大垂腹，其母題紋飾爲對稱之鳳紋，鳳尾下更有一雛鳥。同類器也有以八鳥相對構成紋樣的。母題鳥紋起于商末，西周沿用。

除了各種動物和怪獸的紋樣，晚期的幾何形紋飾同樣也有長足的發展，如鈎連雷紋、乳釘雷紋、或仰或覆的三角形雷紋和并列的直條紋等等，這些幾何紋的採用對于整體紋飾構造的配置和變化，起了不少的作用。全部青銅藝術裝飾的歷史，也只有以這個時期由幾何紋和其它主題紋樣綜合組成的豐富多彩的圖案最具時代特色。

商代晚期的青銅器裝飾，有許多有共性，也有其特殊性。如獸面紋在不同的器物上普遍出現，但是有的紋飾只裝飾在某一類或者幾類的器物上。如乳釘雷紋，在鼎上和簋上普遍出現，而不見于尊、卣、觚、爵、斝、觥等器上，因此可以知道，乳釘雷紋只相應于食器的裝飾。少數稱之爲瓿或罍的器上也施有乳釘紋，可推測這類器也是食器而不是酒器和水器。又如蟬紋可施于鼎和卣的提梁上，但不施于簋、尊、斝等器上。再如火龍紋即囧紋和龍紋的組合紋飾，常施于鼎、簋等器上，而不施于尊、扁壺、卣、方彝等器上。又如甗下部的鬲無例外地都是牛頭紋。這種器和紋飾相應的現象不是偶然的，圖像的性質可能和器物的功用有一定的關聯，這是應予繼續探索的問題。

商代晚期青銅器紋飾到了最後階段，發生了一些值得注意的變化。如殷墟中期出現的多層次浮雕的紋樣至此趨于簡化，除地紋外，普遍爲一個層次，當然有極少數的例外。其次，主題紋飾的軀幹多趨向簡便，原應配置的紋飾有一些被省略了。以前行用的一些紋飾有的被淘汰，紋飾的種類没有以往複雜，紋飾的構形和配置等也比較簡單。總之出現了某些盛極而衰的迹象。

商代晚期青銅藝術覆蓋的面相當廣，除了以殷墟爲中心的畿内地區，還發現了一些殷邊侯甸和殷商方國的青銅器，這些方國北至今河北、山西及陝中一帶，東到山東半島，西面大約到橫斷山脈以東，南面到長江，這是青銅文化主要影響所及的範圍。這些方國除殷的同姓外，更多的是異姓。史載殷盛衰反復多次，興時諸侯歸之，衰時諸侯不朝。以上地區内出土的商代青銅器，大都是組合器群，不論這些地區當時是否爲殷商的與國，這些器群都是殷商青銅文化直接影響之下的産物。但是有一些地區出土的青銅器却并非如此，最突出的如湖南洞庭湖以南的寧鄉、湘潭至衡陽的廣大地區内曾出了四羊方尊、豕尊、牛觥、人面方鼎等等極其精美的商代青銅器，這些器的工藝水準與殷墟出土最精美的青銅器相比，有的也是有過之而無不及。又如傳世的現在日本泉屋博物館展出的巨型夔神鼓以及虎食人卣等不少器物，也都出土于這一地區。這類特殊的青銅器還散見于江西、浙江等地。浙江溫嶺一個被沖壞的土嶺中竟發現了一件碩大無比的商代蟠龍紋盤，其鑄作之雄渾莊嚴，是爲商代青銅盤之最。以上這些器物大都單獨埋于土層中，當然更没有組合使用的現象發現，從工藝卓越的水平而言，決不是當地所能鑄造。這些器物中有的還鑄上所有者的人名或族名，其中某些族名和中原商代青銅器上的完全相同，但是，可以推知，商代的這些名門豪族，是不可能跑到雲夢澤以南很遥遠的地方去發展經濟和文化的。如果説這些精美絶倫的青銅器是代表了當地商代高度的青銅文化，那麼古代的史學家對史跡的記載再疏忽，也不至于對如此輝煌的青銅文化片紙無錄。由此可見，這些商代青銅器中的精華，顯然是經過特別選擇和特殊途徑有意保存下來的，有一件提梁卣中盛滿了小玉件，這是作爲財富而不是當作禮器來保存的。它們或埋存于山岳之嶺、或掩藏于河川之濱，很可能和祭祀自然神的禮儀活動有關，但這麼衆多的器物發現，或者也有財富窖藏的意圖。總之江南許多嘆爲觀止的商器發現，并不能說明就是商人在這些地區的遺跡，也不是商文化的獨立的現象。這些器物，只能權當古代流散的器物來認識。

在湖南、廣西、廣東、江西、江蘇、浙江、福建等地發現過不少被稱爲鐃的青銅器，它們的甬和共鳴箱相通，根據紋飾的位置，鐃是以甬植在座上敲擊的。鐃有巨型的，也有大型、中型和小型的。它們的紋飾以模仿商周間獸面紋居多，但細看則徒具形式，實非真正的獸面紋，重要部位是變形的，線條的處理也很不一樣。除此之外，還有用雷紋組成的似是而非的獸面紋以及鈎連紋等等。諸如此類的紋樣中還夾有越文化青銅器上的特殊紋樣。美國大都會博物館收藏的一件大鐃，表面施結構複雜的擬似獸面紋，共鳴箱內腔則滿布極其細密的近似楚人風格的流動變幻的雲紋。以往有的學者主張大鐃是商器延至周，甚至認爲是西周青銅鐘的前身，大鐃標幟着商代青銅文化在江南的輝煌發展。如果真是如此，那末和大鐃同樣紋飾和風格的商代青銅器，在江南應有大量的發現，可是除了浙江長興發現的大鐃腹腔中有一越式風格的簋共出以外，其餘不見踪跡，根本没有一件與大鐃相似裝飾紋樣的器物發現。大鐃出土地點都在越文化乃至吳文化的分布區域內，而在吳越青銅文化中，發現有不少是仿造商周青銅器的，同時也確實有部分的商周青銅器。大鐃是越文化一定程度上仿造商周樂器和紋樣的產品，不過這種樂器不用于隨葬，而只用于某些宗教儀式，埋在高山之顛、峻嶺之上。和湖南一些精美商周器的埋存有其相似之處。因此，大鐃不可能是商代和西周江南興盛時期青銅文化的產物。對大鐃不應該孤立地來看，而是應和江南的歷史文化背景結合起來作進一步的探討。

至于江西新干發現的青銅器和玉器等大規模埋存是什麼性質，學術上有各種不同的估計，有墓葬說，有祭祀堆積說等等。最奇怪的是新干主要青銅器都被打穿大洞而後再埋存起來，作爲青銅禮器來說，按中原禮制標準完全不成系列。埋藏的玉器基本上也是有意打碎的。由于没有先例可以對照，新干的埋存是什麽現象這一問題短期內不可能得到解決。新干埋存中原生產的青銅器的年限，從商代中期到晚期都有，有些商代的器物經過後人改造，有的器物經過後人修配，有一些仿造古式鼎的紋飾與湖南省出土越族青銅器紋飾相同。值得注意的是，同時出土的三件鐃的紋飾和伴存青銅器紋飾完全不是同一系統，鐃上的紋飾有着和土墩墓青銅器紋飾同樣的圖像，此類紋飾都有其時代的特徵。因此，新干發現的遺存尚須作深入的研究，而不宜簡單地得出是商代大墓的論斷。新干出土屬于中原系統的器物和湖南及其它地區的發現相同，即鑄作水準很高，工藝極爲精湛，而本地所鑄的器物，則工藝粗獷、簡率，兩者有顯然的區别。在没有弄清問題以前，仍按原發掘報告的意見收錄入本集，并作以上的説明。對于江南地區青銅文化的考古，如把中原系統的模式直接套用上去，那將難以作出符合實際的評估。

關于四川廣漢三星堆發現蜀文化青銅器的時代，也按原發掘單位的意見收錄入本集。三星堆器物的鑄造年代，學術界有着顯然不同的意見。青銅器的鑄造工藝非常進步，範鑄的分型水準異常之高，尤其是動物鑄像更是如此，個别器飾有簡單的波曲紋（即環帶紋）。黄金杖的工藝更是商周時代的金器所不能比擬的。如果作爲商器或更早的器物來看待，那麽在漫長的歷史時期內，蜀國這樣比較封閉的地區，何以突然出現遠遠勝過商代而且没有前後繼承關係的青銅器？因此問題并不容易簡單地説得清楚，還有待于進一步深入的研究。

三　西周

（一）早期

西周的青銅器及其藝術，有一個不能不繼承前朝而又要清除商代影響建立周人自己體制的時期，這在周人取代殷商立國之初即公元前十一世紀到公元前十世紀近百年之內，通常稱爲西周早期。從藝術造型和器物的形制來看，西周早期和商末的青銅器有不少共同之處。人們常常將西周早與商晚期的青銅器劃分爲同一個藝術發展時期，這是青銅時代的高峰期，或稱爲鼎盛期。在另一方面也應該看到西周早期青銅器的特殊性，如周人有計劃有目的地改變殷人禮器重酒的習俗，而建立起重食的禮器體制。周人禁止酗酒，將此當作改變社會陋習來貫徹，對殷人「群飲」則很放鬆，這就使重食禮器體制的建立帶有一定程度的政治意味。對此，《尚書·酒誥》中有清楚的記載。周康王時代的大盂鼎銘文，明載康王的誥詞，云：「我聞殷墜令（命），唯殷邊侯甸與殷正百辟，率肆于酒，故喪師。」酗酒的因果關係説得很清楚，這也就是殷鑒。西周青銅器與商晚期另一個顯著不同之點是長篇銘文的盛行，銘文的內容與器主及其家族的尊貴和榮譽有密切關係，銘文成爲宣揚祖先功烈和自身業績，借以傳之後世的文告。許多銘文記載了周初立國和建國的極其重要的資料，諸如商紂的消滅，諸侯的分封，方國的征伐，職官的任命，土地和奴隸的賞賜，王室的祭典，王臣的各種活動等等，不少銘文內容可以補充史書記載的不足。這種情形在商器的銘文中就很少。周器上出現作器記事的現象，表明了禮器作用的加强和國事家事密切地結合。青銅禮器成爲陳列于宗廟中的寶器和重器，與商代相比較，是一個重大的變化。

西周早期青銅器重食體制的建立，最有特徵性的器物是鼎和簋。一種口部截面略呈圓角三角形和下腹碩大的鼎（如大盂鼎），成了鼎類器中的支柱，西周早期一些形制雄偉的大鼎，大都在這一時期出現。另一種腹部相應柱足突出似鬲的鼎，也極爲盛行。西周早期扁足鼎較多。蒸食器甗的數量有相當的增加，從此，青銅甗在禮器中的使用成爲常制。方座簋是最先出現的新形式，簋體和方形器座連鑄在西周青銅器中是一個大類。現存的實物表明，在周武王克商後，周人就開始鑄造這種方座的食器。此外，簋的形制在雙耳和圈足方面加强了藝術裝飾，耳上的獸頭做得特別雄强，圈足有增高的趨向；僅僅提高圈足會顯得單調，因此在圈足之下又接出來一段短足，做成小的虎形、象鼻形等作爲襯托，使得器物頓時添加了意趣。商代的簋很少帶有青銅蓋，西周有蓋簋逐漸流行起來。這些都可説明周人對簋的形制設計比較重視。

西周王室雖然禁止貴族群飲酗酒，但是合乎禮儀場合的用酒不在禁止之例。西周主要的酒具是卣，已發現的西周早期卣總數大體上倍于商晚期的總數。卣變化的式樣比較多，西周早期百餘年時間內，有清楚的發展序列。西周初卣形體有偏高的特點，稍後偏低，成爲圓角矮胖的式樣。寶鷄西周早期墓葬發掘表明，此時的卣以大小二器成組合，小卣容量大約爲大卣的三分之二。可以推斷，這兩卣大小之不同，應是分別盛兩種不同的酒。和卣相配合的容酒器是尊，它也是西周很主要的酒器，整體寬大呈喇叭形口的尊是商晚期形制的延續，數量很多，從中變化出方體圓口的新式樣。如著名的何尊；至于圓口深腹的袋形尊，則是周人獨創的式樣。西周早期的青銅爵，仍然用得很多，但是它的形體逐漸起了蜕化，杯體縮小，鋬部收小，或僅可容一指，有的連一指也容納不下，甚至出現了没有鋬的爵。流的前口厚而高，兩柱略向外側傾斜，三足分張角度不大，呈刀形者居多。但是也出現少數特別的式樣，如四足無柱的索諆爵、有蓋無柱爵等。和爵相應的觚，在西周早期，已逐漸被淘汰，可以確指爲西周早期的觚存世甚少，和同時期的爵完全不成比例。但是在西周早期稍晚，周人新造一種中段極細的觚，只有圈足可施紋飾，器壁極薄，造型簡潔而優美。這種觚只發現數件，没有前驅和後續，這無疑是西周青銅禮器制度改革中新式樣的嘗試。但觚是飲酒器，發現的數量如此之少，很可能周人還採用了漆木觚等其它的代用品。到後期，觚變爲杯狀的器物，有的兩側裝有把手。

盉在西周早期頗爲流行，原是水器，也作酒器的角色。玄酒本是水，酒味太濃須摻和水，于是水器的盉有時就擔負了調和酒味的角色。所以盉的作用有兩重性，在盉的銘文中有時以盤盉合稱爲一組水器，有的逕稱尊彝，使用比商代普遍，這是西周青銅禮器體制方面的特徵。常見的有流柱足盉有圜腹形和分襠形兩種，分襠形又區別爲三足和四足兩種。圜腹的形體較矮，分襠形三柱足盉形體以偏高的居多。淺分襠四柱足是西周早期最流行的式樣，方體圓角富有生氣的蟠龍狀蓋，乃是時尚中的最佳之作。

商代最重要的祼器斝，到周人建國之後不再流行，這是周人在禮器上一個重要的改革措舉。目前發現的西周的斝只是個別之器。斝的使用與否，是商周禮器的分野。因爲在商器中斝是祼器，在祭祀中必不可少，顯然，周人的祼酒器不沿用商代的斝。

周人的青銅祼酒器，主要用兕觥。觥這類器物，在西周中期以前相當流行，它雖是珍貴祼酒器，但相對的數量還是不少。觥大都作鳥獸形狀或取鳥獸的部分特點來設計器形。所有觥都有獸頭形蓋，西周觥更配有一柄斗，用以挹酒。個別觥前端爲一封閉的獸頭，自頸以下有蓋，容器分爲二室。西周早期的觥，形體設計重視實用性，容酒的部分更像是器物，而商觥大都整體像一具動物的形象。有的觥還設有方禁以爲座。觥是西周最主要的祼酒器。

西周早期青銅器雖然繼承了殷商遺制，但是器用的鑄造側重于食器，而對酒器也作了相當的改變。儘管如此，以上這些對舊制的改變還只是漸進的和部分的。商文化的影響還保留着相當濃厚的成分。但是周人的歷史、政治、經濟、文化的背景不同，持續的改革終究會産生周人自己的青銅禮器體制。

西周早期青銅器裝飾也是商代模式的繼續和發展，以雷紋爲地的獸面紋作主題的動物紋樣仍然佔有主導地位。凡是商末的主要紋樣，西周早期青銅器上一般都出現過，但是改變也是明顯的。武王、成王時代曾經出現了新穎的如蝸牛狀卷體大頭有觸角和大頭咧口的怪獸紋，其下部有一爪伸出。銘文記載武王伐商的利簋和記載武王祭天的大豐簋，涇陽高家堡出土的方座簋、尊、卣，以及西周早期的一批雙耳簋，都飾有這樣的獸紋，但流行的時間并不長，現今所知康王時代的青銅器上即已少見，這是一個很奇特的現象。另一新構形的紋飾是兩尾龍紋的出現。所謂兩尾，是龍的身軀向兩側展開，這大約是圖案展示的需要。這種展開的龍在其它器物如玉器上是没有的。兩尾龍和火紋組成圖案，卷體龍和火紋相間也構成圖案。另一可注意之處是牛頭、牛紋或有牛角的獸面紋在青銅器上出現的相當頻繁，有的簋上甚至布有二十四個牛頭，甗的鬲上幾乎是清一色的牛頭紋。有水牛頭狀的圖像在西周早期的青銅器上，遠比商代的多，這是周人所格外崇信的神像標幟，周人是農耕部族，牛頭應是所崇敬的標幟。當西周統治告終之時，青銅器上的牛紋也就銷聲匿跡了。顯然，這是周人所特別崇仰的農業之神的標幟。

西周早期鳥紋逐漸增多，而且常爲主題紋樣，如成王時期塱方鼎全器都是鳥紋，康王時代的庚嬴卣也是如此。又如小臣單觶、父庚觶、𢀛觥等也都是鳥紋。另一種情況是主體紋飾爲獸面紋或火龍紋之類，但其上下欄的帶狀紋樣或圈足上的紋樣爲前視和後顧的鳥紋，此種情形極其普遍。固然，鳥紋在商代的青銅器上已有裝飾，但西周的器上更多。

華麗的鳳鳥紋是成、康、昭時代最著稱的紋飾，尤以康、昭時代爲最，甚至有稱之爲鳳鳥紋時代。周人在青銅器上酷愛飾鳳紋和鳳族的鳥紋，自然和周人開國有鳳鳴于岐山之上的祥瑞傳說有關。距開國時期愈遠，傳說的現實意義顯得愈淡，青銅器上的鳳鳥紋也愈益稀少，到了晚期，差不多真成鳳毛麟角了。西周青銅器紋飾到昭王時代，出現了一批極其華麗的構圖，主題紋飾上如龍類的角、軀幹，鳥類的冠等做得非常華美，在這些部位增飾了很多齒狀或鈎狀精緻的邊沿，使紋樣在莊嚴神秘風格中更添幾分富麗的氣派，工藝上成就比商末更勝一籌。但是，延續的時間并不長，昭王之後，飾有上述紋樣的器物就非常少見了。這些器物如令簋、令方彝、旂觥、旂方彝、旗鼎等等。

青銅器上的棱脊或稱之爲扉棱，是爲改善和美化器上的範線痕跡而設計的，商器棱脊多呈長條形。其上有簡單的線條，西周早期常見爲鏤雕的齒棱狀，典型的如何尊、士上尊、庚嬴卣（乙器）、成王方鼎、大保方鼎、康侯丰鼎等棱脊，和商器的做法很不相同。

西周青銅器作爲禮儀道具即所謂禮器的最重要特徵，是在器物上鑄有記事體的銘文。當然，鑄作器人名和被祭人名在商晚期的器上早已存在。已發現的商末青銅器有關征伐、祭祀和賞賜等內容的銘文只有十幾篇，西周早期長篇的記事體銘文則有大量的發現。武王時代的利簋銘文記載甲子朝消滅商國的史實；大豐簋銘文記載武王克商後在天室祭天，以武王配享，頌揚功烈；小臣單觶銘文記載成王和周公平滅武庚叛亂的事件；小盂鼎銘文記載康王大規模伐鬼方的戰爭；何尊銘文記載成王的誥詞，云武王克商後營建成周以爲統治天下的中心；康侯簋銘文記載周王命康侯伐商都邑後改封到衛的事；大盂鼎銘文記康王誥戒盂以殷亡和周興的歷史教訓與經驗，以及封盂的錫命，命盂效法他的嗣祖南公輔佐戎事，敏于朝夕納諫佑助王統治天下。諸凡對上帝的崇拜、建國的功烈、諸侯的分封、拜官錫命、征伐記功、獻俘大典等等，皆鑄之于銘文，以榮耀于當世、傳之于子孫，作爲世家寵榮的護身符。這樣，銘文的意義不僅是記錄一家一室的特權和榮譽，而是涉及到王家的重大政治活動和重大歷史事件，因而青銅禮器就成爲帶有顯示等級、地位、特權的標幟，陳設于宗廟宮室的重器了。青銅禮器在周初有聲有色的歷史舞臺上成爲金光燦爛的道具。在周人的眼中，銘文的重要性大約超過它的藝術欣賞價值。所以，有些長篇銘文的青銅器是不施紋飾的。

（二）中晚期

經過西周早期近百年的時間，到西周中期，周人的青銅器表現得更爲成熟，形成非常有個性的器物體制和藝術風格。應該説，周人要建設起新的青銅器體制是頗不容易的，它不像經過一場朝代更換的革命可以發表許多政治性的誥文和宣言、推行强制性的政治制度和行政體系。物質文化的改變和提高，不能單靠政治手段就能奏效，它有着經濟基礎、思想體系、宗教崇拜乃至風俗習慣等各方面的制約。周革殷命在軍事上可一夜之間完成政權的遞變，但周初的青銅器比之晚商雖然已經有所變化，譬如有少量的新器類和新紋飾，這仍不能改變商文化的深遠和巨大影響。西周早期青銅器最大的變化是禮器作用的進一步增强，尤其體現在銘文方面。這主要是政治方面的因素，和周初立國鞏固統治有直接的關係。在藝術方面，仍是獸面紋爲主體的裝飾，這是商殷幾百年形成的藝術體制，不可能在短時期内消亡。經過近一個世紀鑄造青銅器經驗的積累，周人終于找到適合自己體制和文化需要的新模式，這就是青銅器組合的規範化，藝術裝飾方面的删繁就簡，更加强調鑄銘對于禮制的作用。西周中晚期的青銅器非常充分地體現了周文化的特色。

禮器中的重食禮制更爲完整，鼎、簋、鬲等器相應于等級制度的組合業已規範化。西周中期鼎主要表現爲器體比例更寬，口内斂，器壁斜直或微凸，整體呈下垂之勢，形體穩重。這類鼎起于穆王至西周末而不衰。另一類是圜底鼎，口徑最大，器壁逐漸向下收縮，圜底下有三獸蹄形足。在簋類中，新出現一批弇口鼓腹簋，大都有蓋。早期簋有蓋的極少，至西周中期各式有蓋的簋比較流行。簋蓋鑄造增加單件的用銅數量，耗費比較大。這一時期新出現的食器是盨和簠。盨是長方形圓角，圈足，蓋小器大的飯器，是簋的變體，有的盨銘直接自稱爲簋。簠是長方形，口大底小，有圈足，蓋、器相等的飯器。盨的流行面不及簠廣，至西周晚期，仍爲數不多，簠則比較多一些。

西周中晚期的酒器穆、恭、懿三世最後結束了觥、卣等使用歷史，孝、夷時期的遺存中已極少見觥這類器物。大型的容酒器主要是長頸鼓腹雙耳壺，成對組合。傳統的罍也終于被淘汰，代之而起的是鑐，鑐是罍的變形，口唇外侈，長頸廣肩，中期體較高，晚期則偏矮。壺的新形式是方壺的出現，所謂方壺就是把長頸圓壺改造成略呈方形的器。這類壺主要爲容酒器。此外還出現了一種長體中段稍爲鼓出的壺，有蓋，蓋反置就是一飲酒的小觶杯，貫耳可提携，個別有提梁。圈足上有小孔，蓋頂捉手上也有小孔和兩貫耳相應，這是一種行旅中可提携的實用器。飲酒器主要是觶，也出現了尊形有兩耳的飲壺。酌酒器的爵，尚有極少數發現，新出的是形制如斗而有圈足的長柄器，自銘爲金爵，如白公父爵等，成爲晚期爵的新穎式樣，但舊式的雙柱爵仍有個別發現，上村嶺虢國墓地發現的爵，已經完全蜕化，有如明清孔廟祭器中的式樣。

周穆王時期的青銅器雖然有一部分仍具有濃重的早期風貌，但是代表西周中晚期弇口雙耳有平行横條溝脊紋的簋在此時出現，這是一種很有時代風格的器物，如遹簋的横條溝脊紋，這簡便的設計使繁縟的紋樣一掃而空，出現了新意，它是西周青銅器裝飾風格轉變的第一個信號。平行横條溝脊紋一直行用到春秋早期。西周早期個別器上已經出現的密集直條紋在這一時期大量行用，甚至整個器上都飾這種極有旋律感的紋樣。删繁就簡，大量發展了這一簡略的紋飾，使之適合于時代的審美要求。一些著名的簋，如恭王時代的倗生簋、孝王時代的大師虘簋、𤼈簋以及厲王所鑄的㝬簋，都飾直條紋，這些器物之主都是西周最高層的貴族，這些富于旋律感的密集而規整的直條紋，可以説是公元前十世紀之後青銅禮器裝飾的流行式樣，但這種紋樣只施之簋上，不見施于其它的器物。横條溝脊紋和直條紋已經成爲時尚，獸面紋被壓縮到口沿，降爲附屬的紋飾，它完全失去了往昔威嚴神奇、雄踞器物中心的資格，獸面的各個部位也解體變形。這種獸面紋按圖案的便化規律發展，肢解其中的一段，變爲竊曲紋或變形獸紋，到了西周晚期，進一步便化成S形條紋，在獸的體軀分解過程中組成了新的紋樣。

中期重要的新紋飾是波曲紋的出現。波曲紋舊稱爲環帶紋，因爲波曲是帶形的，雙波相間有圓環，無以名之，遂稱爲環帶紋。這是一種以波幅很大的曲帶爲主導，上下波峰内飾有對稱的獸紋，或有環狀鱗瓣配合一對角狀的條紋組成的特殊圖像，波峰内的紋樣可以是一致的，也可以是兩種式樣間隔的。波曲條紋和波峰内的紋樣一般都相當闊，并且中間常常做成凹陷的淺槽狀，但也有比較平整的，西周晚期波曲紋有做成凸起的條紋。根據已發現的資料，周原扶風莊白一號窖藏的一百零三件青銅器中的懿王三年𤼈壺上已出現了非常成熟的波曲紋。之後孝王時代的大克鼎和小克鼎都是雄偉的波曲紋。波曲紋一經出現，就有了黄河九曲雄渾磅礴的氣勢，徹底改變以前那些動物紋飾神秘的細麗繁縟的風氣，耳目爲之一新，可以説這是西周青銅器紋飾上的一次革命，并產生了久遠的影響。直到春秋晚期，波曲紋才退出古代裝飾紋樣的行列。波曲紋是動物紋樣的幾何變形，波峰的相連處有的還殘存有獸目。這個紋飾顯示設計的成熟，籌劃者充分掌握了圖案的規律而能變化自如。由此可以推測，西周中期變形紋飾代替以往老式紋樣，一部分是圖案的便化規律作用所致，更主要是經過高水準的匠師們有意識精心設計的創作。

西周中期開始轉化的青銅器紋樣，基本上都是變形的和抽象的，但也有少量是像生的裝飾，那是僅限于一些器物上突出的附件或部件，如壺上的龍耳和匜上的龍形鋬等。西周中期以後的龍形附飾或部件大體表現爲兩類龍，一類龍具有螺旋狀的錐形角，另一類則是曲枝狀角，西周早期具長頸鹿角狀的龍類已不再出現。龍是幻想的物像，根據想像可以衍生出不同的形象，但從西周中期以後的器上看，當時龍紋的類別似乎已有一定的模式和規範。但是無論是商代或西周的龍形，也無論是像生的或抽象的，仍然是採取靜止的態勢，除波曲紋之外。所有青銅器紋樣都是靜止的。這種情形到了西周晚期出現了新的徵兆，一種從未出現的龍狀紋被採用并且流行起來，這就是具有蜿蜒游動狀態的交龍紋的出現。交龍紋首先見之于頌壺，在頌壺的腹部，中央是雙體龍，軀幹分別向兩側垂下至近器底處向壺兩旁迴游連接另一龍頭，腹上主題龍頭之下，置一對相背的小龍，角型不同于雙體龍，主題龍的軀幹上纏繞有C字形的物像。壺腹側面下部是另一雙體龍，軀幹分别連接在主題雙體龍的頸部。側面雙體龍的軀幹上分別交纏一卷體小龍。整個圖像有飛騰糾纏態勢，商周以來八九百年，青銅器上靜態紋樣至此有了基本的轉變，這是一個頗可注意的現象。從散失的出土于甘肅天水的秦公大墓的兩對秦公方壺來看，都和頌鼎的雙身交龍紋相同，而在其它地區出土的西周青銅器上還没有發現這樣的紋飾。和中期產生的波曲紋一樣，交龍紋也是特別設計的，而且結構安排合理，流線形體軀勾畫得相當成熟，它爲以後春秋早期關中地區青銅器出現的糾結交纏、結構複雜的交龍紋發展開闢了一條道路，以後春秋的青銅器紋樣基本上大量採用交龍紋，頌壺是周宣王三年時器，交龍紋的率先採用，表明西周晚期紋樣不是一成不變的。

四　春秋戰國

西周、東周之際考古發掘的重要發現是河南三門峽虢國墓地，此墓的時代約爲公元前八世紀上半葉至前七世紀下半葉，所出土的青銅器無論形制和紋飾基本上屬于同一風格。山西曲沃晉國墓中屬于西周和東周之際的青銅器，除小有變化之外，基本上是西周晚期的體制。曲阜魯故城發掘的西周、東周之際的墓葬，東周早期的器除個別具有地方特徵，絕大部分也都有濃厚的西周風格。因此可以説至公元前六七世紀之際，除秦國青銅器稍有新的紋様變革之外，其它地域出土的青銅禮器上還没有出現重大的改變，無論器物的形式和紋様大都如此。

春秋時期青銅器全面更新的進程是從公元前六世紀較晚時開始的，它的進展，是和當時城市社會經濟的迅猛發展，如玉器、絲織品、漆器、鐵器等等手工業的進一步開發大體上平行。青銅藝術在社會經濟新高漲的條件下，展示其日益更新的璀璨精麗的風貌。

器物的形制，隨着禮器特性的淡化而後逐漸放鬆其習慣性的規範。同時由于諸侯國政治勢力的擴展和大國之間的爭霸，各自需要改善其一整套的行政機構和軍事機構，商業的發展也需要有專業的商品生産和交易的管理部門，因此各國的領導層相應擴大，卿大夫的勢力對維護正常的統治秩序有着重要的作用，青銅器無論是禮儀的和生活實用的，在各統治階層中，有愈來愈多的需求。在大大刺激青銅器生産的同時，逐漸産生了許多適應新需求的器形。這一變化，大體上始于春秋中期，即公元前六世紀至前五世紀。舊式的禮器已改變得面貌一新，各種新的器形不斷出現，把青銅器的歷史推進到一個空前發展的新時期。西周時代許多小國國君没有條件擁有自己豪華的青銅器，至今遺存的這個時期的小國青銅器很少。到了春秋中期，中原諸國的青銅器就有了相當規模，典型的如河南光山黄君夫婦墓隨葬的青銅器。地域在今山東的一些小國，如邾、曹等及江漢地區的一些小國大都擁有一定規模的青銅器。春秋中期青銅器有着如此廣泛的發展基礎，促使鑄造青銅工藝達到了前所未有的水準。

春秋時期的青銅器形制，從發展的横斷面觀察，各個地區的共同點是主要的。基本的器物，如食器中的鼎、鬲、甗、豆，酒器中的壺，樂器中的鐘，水器中的盤、匜等，各個地區大體上相同或相似，到了春秋晚期和戰國，這些器物的形式就出現了或多或少的地域性特色。

三晉地區出現了兩種鼎，一種鼎足較高，鼎腹比例偏圓；另一種鼎足偏矮或甚矮，鼎腹比例較扁，蓋頂上設有三個矩形、鳥形或虎形的裝置，使用却置時就成爲三個支點。這兩種鼎都有青銅蓋，以往的鼎大多没有。鼎中食品用時放在禁上切割，而鼎蓋則可以成爲輔助的盛物盤。長江中下游春秋中期的徐器鼎和中原的常規式樣没有大的區别。楚文化或受楚文化影響較深的地區如江漢地區到東部蔡的青銅器，流行器腹較深，三足略呈弧形外撇的鼎。徐國庚兒鼎形體比例扁而寬，底稍圜。這種寬形鼎是長江下游和東部地區的特色。晚于此的曾侯乙墓的鼎，蓋、耳、足都具有楚式鼎的特點，鼎腹容器部分較寬，器壁不高而較直，器物形制受楚文化的影響很深，從鼎的形體上可見一斑。到了戰國晚期，楚式鼎的地區特色更爲明顯，鼎足較高，鼎足上段大都有獸頭裝飾，似附于鼎腹外壁，使整體造型有昂然上出之勢，明顯地有别其它地區鼎的形象。春秋晚期，䵼鼎和專用于祭祀禮儀的鼎，在形體上已經有清楚的區分，前者在長江流域諸國稱之爲䵼，這是實牲體的大型鼎。蔡國、曾國以及淅川大墓等都出現過類似的器形，其特徵是兩耳厚大，鼎足粗壯，有的蓋腹外壁常設棱脊。南北大致的區别是：南方出土的數例都是平蓋、平底，三晉和鄭國的大鼎形體爲圜底，蓋作圓弧形鼓起。

春秋中期和鼎組合的甗，上甑下鬲合鑄的連體式讓位于上下分鑄的式樣。方體的漸少，圓體又成爲流行的式樣。戰國時期，曾侯乙墓的鬲仍爲款足，而安徽壽縣朱家集李三孤堆楚王陵出土的大甗其下部已不再是鬲形，而是斂口圓腹，配置鼎足，肩上雙耳傾斜，甑則没有大的變化。陝西鳳翔高王寺出土的蟠龍紋甗，甑部也頗相似，但鬲的口沿則有非常寬的唇邊，頗爲特殊。而河南陝縣後川出土的獸紋甗，其上部的甑成爲矮足的球體了。甗在春秋時代形制變化緩慢，到戰國時代則出現了較多的式樣。

春秋戰國三晉食器簋的發現甚少，基本上是敦和豆。敦初形與簋相近，大口，折沿，淺腹下有三小足，圈耳，有蓋，蓋頂捉手可却置。春秋晚期演變成爲合鉢形上下對稱的形體，或具圈足或具三足。上海博物館藏有一蓋器不對稱的敦，式樣屬晉國系統，將銹蝕的蓋打開，發現其中有乾燥了的糰形物數個，外面粘着穀殼，經科學分析，其爲澱粉質成分，由此可知敦的用途。長江流域楚、蔡和東方齊國的敦多爲上下對稱的球形體，各有彎曲的獸形三足。塦侯因資敦器名作「錞」，錞與敦是古今字。南北共同行用的另一食器爲盆，大口小底，唇平。具雙耳，有蓋，上置獸形鈕或圓形捉手，此器器名隨地而異，或稱盞或稱盆，如晉公盞和曾大保盆爲同一器形，但一在山西、一在湖北隨縣境內出土，中原地區亦有同類器物。

豆的式樣有深淺高低之別，多有蓋。江漢地區流行的方形豆，則是春秋晚期新穎的式樣。青銅豆雖然普遍出現，但以三晉地區和楚地發現的較多。春秋禮崩樂壞，但不會徹底，齊國的青銅器就頗有這樣的特點，齊洹子孟姜壺，舊稱齊侯罍，銘中的洹子就是田齊桓子，田氏代齊始于田桓子，這是公元前五世紀下半葉之事。壺爲桓子和齊侯之女名雷夫婦同鑄，這件壺從形制到紋飾都有濃厚的西周遺風，和同時代的器很不協調，這是故意採取仿古的式樣。另一田和所作的禾簋，承有方座，形制雄大，周身施波曲紋，除了龍耳稍爲新式之外，也有濃重的古式遺風。春秋、戰國之際青銅器的復古，以田齊之器最爲突出，當田氏代齊以後，這種有古風的器物就不再被發現了。

酒器形式變化也很多。西周時代長頸雙耳鼓腹壺和與此相應的方壺，至春秋時代除在形體高矮、肥瘦方面稍有更動之外，基本上仍保持這一格局。在蓋飾、脊飾等方面則有較顯著的增加，有的達到了繁複的程度，甚至在壺的圈足下也置有威猛的怪獸，總之在一切可以增飾的部位，都盡可能堆疊上去。如蓮鶴方壺、曾侯乙壺等都是極盡增飾的典型，如果把所有的增飾去掉，基本形體没有很大的改變。其它如短頸卵形壺、寬體的鼓腹壺，北至三晉南至荆楚，大同小異而已。至于各種的提鍊壺、八角形壺和方壺，是戰國中晚期出現的新形式。有些地域性的如齊魯地區的小口大腹汲壺，和北方地區與大草原活動有一定影響而產生的曲頸有鍊壺，黃河中游地區普遍行用的各種扁壺等等，都是新改進和新出現的完全不同于往昔的式樣。

鐳的形式從西周的有頸廣肩深腹的形式，到春秋中晚期變爲短頸廣肩低體腹的器形，深腹鐳的式樣也被完全淘汰。鐳一般都比較大，用途和尊、缶相仿。酒器除壺類之外，長江中下游諸國流行一種小口球體形狀頗大的尊缶，是春秋戰國之際出現的新穎酒器。

飲器有幾種式樣，有橢圓形杯，器形深淺的不同，深者體側置一耳，或稱爲鉚；稍淺者兩側設耳，多爲春秋晚期、戰國時之器。此種器的內壁刻有精緻的紋飾，內底則刻有龍紋，故此當爲飲器，戰國及秦漢漆耳杯在相同的部位也繪有圖像。這類器可能是耳杯的濫觴。

盤、匜爲常見之器，除了三足獸頭匜之外，還有平底封頂流匜的出現。春秋戰國之際的大型水器是鑑，南北都比較流行，尤以南方盛極一時。如智君子鑑、吳王夫差鑑、吳王光鑑、曾侯乙鑑等等，與鑑同時的還有浴缶，形體近似尊缶，但比較大，有鍊，可供兩人提繫。至于曾侯乙墓出土的一對大缶，壯麗雄偉，居于一切水器之冠，爲正統禮制下的水器所不能比擬和不可想像的。

青銅樂器在春秋時期有很大的發展。基本形式分爲甬鐘和鈕鐘兩類。共鳴箱的下部分爲有于和平整的兩類。共鳴箱平整的鐘，只有鈕鐘一類。絕大部分的共鳴箱爲扁形，側面尖銳，由于鐘體構造的特點，敲擊時有兩種振動模式，敲擊鼓部中心時形成振幅，產生一個音高，鼓近側的部位則形成振節。擊鼓近側時，所擊處形成振幅，產生另一音高，而鼓中心部位則形成振節。從而一個鐘能產生兩個音高，這兩個不同的音高成編有一定規律，形成音階，這就是青銅雙音鐘。相傳古代爲宮商角徵羽五聲音階，但是陝西地區西周和春秋早期的一些鐘經測量，没有商音，寶鷄太公廟出土的秦公鐘經測量也還没有商音。山西晉侯穌編鐘，則有商音，可見不同地區的樂音不完全一樣。但春秋晚期的鐘不僅已具商音，而且增加了好幾個半音音程，演奏的功能大大提高。畱篙鐘是楚鐘，從音階的發展情形，說明楚國的音樂文化已相當發達。隨縣出土的曾侯乙墓編鐘其中甬鐘四十五件、鈕鐘十九件，有一件楚王酓章所贈的大鐘，是另一組編鐘中的一件。銘文共三千七百餘字，主要內容爲標音和樂律，如律名、音名、變化音名及在他國樂音中稱謂的對應關係。曾侯乙編鐘頻率實測跨五個八度音程，中心音域內十二半音齊備，是世界古代音樂發展史上的奇跡。曾侯乙編鐘反映了春秋晚期到戰國早期中國的音樂文化有着飛躍的進步。另一類鈕鐘共鳴箱鼓部平整，形體微呈橢圓形，實測僅有一個音高，只有一種振動模式，它的用途是打擊音樂節奏的，也自銘爲鐘。鈕鐘中除傳世叔夷鐘銘文自銘爲鎛一例之外，其餘出土的鈕鐘銘文都自銘爲鐘，不稱鎛。鎛是特大的鐘，實物僅有𩍐鎛一例。當前有點混亂的是連一些自銘爲鐘的鈕鐘如克鐘也被冠以克鎛之名。這是完全不必要的。戰國鐘還有地方性變體，如四川、湖北境內有甬編鐘，列枚上縮，形體特扁，這是受到中原系統樂器的影響而産生的變化式樣。此外，南方的樂器，還有錞于和句鑃等，錞于作懸鈕式直筒形，但江蘇鎮江諫壁王家山出土三器成一組的錞于，作曲筒形，爲前所未見。相傳錞于爲軍樂，庚午錞于銘文有「用享用孝」的記載，則表明錞于亦是宗廟之器。而此時出現的有柄可執有舌可振的青銅鐸，則應是軍樂。這一時期青銅樂器發現數量之多和分布地區的廣泛，實爲前所未有。

春秋戰國征戰頻繁，青銅兵器業的發展是空前的。各諸侯國都有嚴格的監造兵器的官員和相應制度。戈戟的內部常鑄刻銘文，記載鑄造的年月、地點、各監造職官和人名。吳越是天下鑄劍的名邦，長江流域出土的吳越青銅劍，前鋒狹，兩刃較寬，劍格寬厚，鑄紋飾或銘文，莖圓有箍，劍首有同心圓，劍刃磨製精厲，鋒芒逼人。出土的吳王光劍、吳王夫差劍、越王句踐劍、越王者旨於賜劍、越王州句劍等都是當時最高水平的鑄件。這些劍有些是同銘同制的，一制可能有若干柄，有的鑲嵌綠松石和金銀，它應是吳越諸王近衛御士的兵器。吳越兵器行銷天下，在長江流域諸國更廣泛行用。工藝造型方面吳越兵器也是極爲精湛的，尤其是表面處理技術如淺層填充金屬的菱紋劍、幾何紋劍以及劍格和莖箍的細工綠松石鑲嵌等技術，天下莫可倫比。一種以高錫合金做成幾何塊狀熔鑄在兵器的基體上，形成各種幾何紋樣的亮斑，則多見于楚和巴族地區，也是一種獨特的表面處理技術。巴族更有一種虎皮斑狀的表面技術。可以説當時金屬的表面處理增强裝飾外觀效果的技術，大都在長江中游諸國和吳越地區。

春秋戰國時期周邊少數民族的青銅器工藝臻于成熟，但容器較少，多數是具有本民族特色的兵器。如蒙古草原的馬上民族匈奴、鮮卑、東胡等的各種短劍，以實用爲主，劍柄上有羊、鹿、馬等簡單的動物或人形裝飾。此外各種小刀的刀柄上也有類似的裝飾。純粹屬于藝術裝飾的是所謂鄂爾多斯式的各種動物搏鬥牌飾，紋飾粗獷生動，爲草原藝術的本色。

春秋戰國時代巴蜀青銅兵器可分爲兩類。一類是仿中原的古兵式樣，如商式的三角形戈、商式或西周式的無胡戈、周初的戟等。紋飾亦仿古式，頗多獸面紋，虎紋等。據考古發掘記錄，多爲戰國時期巴人仿商、西周時器。另一類是時新的一部分，和中原春秋戰國兵器略同，更多有本族特色，如扁莖劍和柳葉形矛等。四川東部所發現巴人墓葬中的青銅器，據其形制風格和鑄作技術等特徵，大都是楚人的器物，如涪陵小田溪出土的編鐘等。

中國南部廣大的吳越地區，其東部正式建立吳國、越國。吳國統治者是姬姓，先周時自西北奔于荆蠻，從當地人民的習俗。越是土生土長的部族，越族分布的範圍極大，文化遺存有其基本的同一性，也有部分地域性。春秋時代，這一廣大地區內的青銅文化有所發展，首先是吳國。吳遺存的者減編鐘爲公元前六世紀中期器，是爲有銘文記載最早的吳國青銅器。越國之興在允常時代，早于吳王夫差一世而已。從現有的發掘品來看，吳越青銅器鑄造進入發達的時期，不會早于春秋中期。五十年代後期以來，安徽屯溪發現的具有越文化特點的土墩墓有大量的青銅器存在，以後在鎮江丹徒等地亦有土墩墓及窖藏發現，同樣有大量的青銅器出土，其共存的現象比較一致。首先是少量的西周早期或中期的青銅器，這是直接的西周遺物，但不成組合，有的有銘文。第二部分是大致上仿造西周模式的器物，這類器物有的仿造得較爲逼真，更多的是經過土著匠師的重新設計，因而多有明顯的地方型特色。第三部分純屬地域特性，都是生活實用品，有的和當地印紋陶器的形式有相當的聯繫。第四部分是戈、矛、劍之類的兵器，這些兵器的形式全屬春秋晚期乃至戰國初期的形式，如屯溪出土的有青銅器的土墩墓，都有這類兵器。由于各種原因，這些兵器没有全面發表，其實它是正確判斷墓葬的標幟性器物。很顯然，這些土墩墓屬春秋戰國是無可爭辯的事實。但是過去因爲墓中出有西周器，都把墓葬和青銅器定在西周早期或中期，并且錯誤地得出在西周早期吳越地區早已進入發達青銅時代的結論。這一吳越文化考古的誤導甚至影響到其它的考古領域。

越文化青銅器分布的地域頗大，主要是長江中下游以南廣大地區。湖南的常德、益陽、長沙、湘鄉、衡山、衡陽、資興等地發現了典型的越文化青銅器。如果把古式和新穎的鐃發現地計算在內，則分布範圍更廣。

廣西越文化的青銅器發現地點有灌陽、興安、恭城、武鳴、賓陽、忻城、賀縣等處。廣東西部信宜和廣西恭城、武鳴等地出土的青銅器比較相似，都有商、西周精美青銅器出土，并且以此類青銅器爲基本器形模式，用本地變化了的富有特徵的紋樣作爲裝飾，形成越文化所特有的風格，這種情況和洞庭湖以南的遺存非常相似。值得注意的是，與武鳴商代獸面紋卣同時出土的一殘戈，其形制和紋飾爲戰國式樣，證明此卣和戈爲同一時期的埋存，雖是這一地區僅見的一例，但其提示的意義非同一般。因爲它可能引證出湖南寧鄉等地許多精美絶倫商器和西周器所埋藏的年代。很可能越人是古代商文化和西周文化的景仰者、器物最熱心的收藏者。在一定程度上模仿商周禮器的越人青銅器的出現，成爲吳越文化的重要特徵。

雲南、貴州的西南夷青銅器，以滇文化的器物最有特色。滇文化青銅器的發展，至戰國晚期到西漢臻于鼎盛。晉寧石寨山的滇王墓地和江川李家山的滇貴族墓地是滇文化青銅器的主要發現地。滇族酷好藝術品和工藝雕塑，所出現的貯貝器，銅鼓和人物舞蹈、剽牛等飾件上有各種極其真實的形象，所表現的祭祀、戰鬥、集市、紡織、生產等場面，無不栩栩如生，其藝術表現技法之嫻熟是極爲驚人的。除了人物形象之外，許多獨特的青銅兵器、生活用器上的動物形象的雕刻也是無與倫比的，滇文化的青銅藝術是西南夷中最絢麗的花叢。其他西南夷的青銅藝術不如滇文化的發達，但也各具特色。西南夷青銅藝術主要的成就在兩漢，早在戰國時代已很可觀，它和巴族、越族等少數民族的藝術品更多地受商周青銅文化的影響，在器用方面的影響不顯著，在青銅兵器方面，則有較多的商周兵器形式移植的徵象。

春秋中期以後，青銅器紋飾呈現出全新的格局。一方面鑄造質量的迅速提高，當然要求器物上的紋樣和藝術裝飾也相應地呈現精緻的效果，其次是裝飾內容也不同于以往大量採用變形的紋飾。春秋戰國青銅器紋飾一個極其有特色的現象是紋樣主題比較單一，大都是龍和龍的族類，但是構形都相當複雜。龍和龍類的紋樣是商周以來天道觀和神話世界在青銅器上表現的新形象。與此同時，出現了以描寫貴族社會某些禮儀和戰鬥活動爲內容的畫像。一千多年來，人們到了這個時候才有機會來表現自身的活動。這是一個非常重要的現象，説明觀念形態有了很大的改變，這是由當時思想文化和社會條件所催發出來的。它的意義在于裝飾紋樣從以獸面紋爲主的神話世界進展到現實的人的社會，這是質的變化。從藝術上看，純粹爲圖案規律所嚴格支配紋樣，即對稱、兩方連續、四方連續和放射、散點等等，進步到創作任意構形的各種畫圖。這種情形不限于青銅器，在建築上有壁畫，還有漆畫和帛畫等等。在青銅器上的畫像，只是東周文化藝術演進的一個側面。商和西周青銅器紋飾，動物或動物形象都是靜態的肅穆的，春秋中、晚期以後的紋樣以動態爲主，有的構圖具有複雜的旋律感，表現技巧有了很大提高。這些改變，從根本上動摇了商和兩周青銅藝術的傳統，從而形成了鮮明的時代風格。

龍紋是當時占主導地位的紋樣，它是幻想的神物，所以對龍的描繪有相當大的可變性。而不同國度的鑄造匠師是世代相襲，龍的工藝模式也會産生差别，龍的形象便没有一致可遵循的規範。還有春秋戰國時代神話中記載的一些神人形象也有龍的特徵，如人面龍身之類，這也會反映到青銅器的紋樣上。這樣，春秋中期以後的紋樣以龍和龍類的紋飾爲大類，而且變化很多。但是從基本結構來看，無非是三種，即爬行龍、卷龍和交龍。所有三晉、中原、南方、東方、西方諸國青銅器的紋飾都是如此，所不同的只是構圖和刻畫的線條上有具體的差異。這是由于各國都有通都大邑，彼此可以交通往來，某地區的名産可以輸達各國，隨之而來是文化上的交流和融合。因此，青銅器裝飾藝術上的共性是主要的，但是仍然保留了地區性某些特徵。至今爲止，考古發現仍很不平衡，對春秋戰國青銅器的瞭解仍然是不够充分的，要徹底梳理清楚地域特徵及其相互的關係，是長時期的研究工作。

晉。晉和戰國早期三晉的裝飾，最有特徵的是以一獸頭爲中心，卷體龍和交龍從獸口中穿衒而過，龍軀幹上飾有細密的圓形和三角形的雷紋。卷龍都是單體作扭曲狀卷體和横向的卧形卷體，尾上卷或下卷。交龍是兩龍或兩龍以上的軀幹蜿蜒交纏在一起，形成了複雜多變的紋樣，兩龍通常是長角和短角不同頭形龍的相交，這大約是希冀或顯示龍族類的繁衍。大量使用還有密集的羽翅紋和細點構成的獸首組合。紋樣的邊飾多爲各種綯紋和絡紋，貝紋也是有特點的常見紋樣。晉和三晉器上的主體紋飾大都極其精細。侯馬發現的陶範和器上鑄造的迹象表明，當時已使用單個母模來壓印出外範，然後拼接成爲整體，經陰乾、焙燒成陶質外範，合範灌注銅液。使用母模壓印，製成可以按需要拼接的各種外範，雖然印模非常精細規整，但難免有繁縟重復之感。侯馬出土的鑄銅遺址中，已經發現了表現人物活動畫像的陶範，三晉應是最早出現青銅畫像的地域之一。

秦。三晉的青銅器紋飾對秦國的影響至今還没有確切的資料可以討論，反過來也是如此。

早期的秦公鐘及其紋飾是西周晚期的自然延續，春秋中晚期之際的秦公簋紋飾爲方折而較繁密的交龍紋形成網絡狀結構，圈足爲兩行波曲紋，製作粗糙。這類紋飾的青銅器，多出土于關中地區。近年來流出海外的秦器，也是這類紋飾。由此可知，秦器藝術裝飾有其特殊的地方性風格。

中原。這一區域以鄭國爲大，新鄭出土的青銅器主要是鐘、鼎、鬲、簋和壺，還有以怪獸爲座的燎爐等。其中部分器物如鬲、簋等可能是春秋早期器，其它大致上爲春秋中、晚期器。大而精緻、覆蓋細密的交龍紋，大約是各地都通行的紋飾，三晉、曾、楚、徐、蔡等國器物皆有發現。新鄭的鼎上頗多此類紋飾，但是具有特色的是蓮瓣壺上一種體軀較寬的S形獸紋和交龍紋等，以雙鈎方法表現，中間爲凹陷，淅川下寺楚墓和新近發現的鄭太子與兵壺，也有這類紋飾。蔡侯墓出土的壺上也是如此。魯大司徒厚氏鋪上，全是這樣的龍紋或獸紋。現在知道這種紋樣的濫觴，始見于曾仲斿父壺等一類器上，所飾的波曲紋、S形獸紋等都是採用中間凹陷的雙鈎法。此類紋樣雖然分布的面較廣，但是侯馬陶範和三晉的器上基本上難見它的踪跡，由此可以知道它主要是楚、曾、蔡、鄭等地區流行的式樣，浸潤及于東魯。很可能這是春秋時期楚文化紋樣中的顯凸的因素。不僅紋飾，即器物的藝術造型如雙耳和圈足下的負獸也是如此。至于鄭、蔡等是其影響所及的地域。

楚。春秋中晚期青銅器紋飾最典型的當推淅川下寺楚墓的青銅器群，當時的紋樣是普遍採用交龍紋，以二方連續的雙龍交纏的紋樣作上下左右連續排列。和晉器不同的是主題紋飾不採取獸面銜龍的圖像，在晉器中有着同樣組織的交龍紋，要施于一些小型的器物上，淅川下寺楚墓的大型禮器上細密的交龍紋是爲楚器紋樣。楚文化覆蓋的地區，淅川楚墓中的鐘和徐沇兒鐘、許子璋鐘等皆出于同一風格，有的紋飾如出一範，都爲春秋中晚期器。曾侯乙墓青銅器表現爲戰國早、中期的楚器影響，曾侯乙墓的青銅器紋飾爲三類。一類是以大小的圓突點或羽翅組合的各種動物紋，這些圓突點彼此緊密地靠在一起，甚至很難看出它的基本構造。還有是用密集的翹出器表的小羽翅狀的變形動物紋，盡可能地鋪蓋器面，紋飾複雜而且精細。在一些器座上的龍紋更是緊密地交纏糾結，追逐這種繁密而具有某種旋律感的紋樣似乎是一種風氣。楚惠王酓章五十六年（公元前四三三年）鎛上的紋樣和曾侯乙編鐘的紋樣是相同的；曾侯乙墓有一類較平整的紋樣都是橫豎轉折交連的構造，條紋較爲規整，基本上不用弧線；還有一類是用活潑的弧線組成各種龍、鹿和雲紋等的變形物像，和上述紋樣形成了風格不同的對比。後者在戰國楚器中是重要的紋樣。楚國的青銅器紋樣比北方系統更帶有濃重的怪異氣氛。楚器的這種紋樣圖像是後來流雲紋的濫觴。

齊。春秋早期器是正統的西周早期青銅器的繼續，齊昭、懿之際的藝術裝飾看不出有任何地方性風格的體現。至春秋中期的𬒔鎛、𬴃氏鐘以及春秋中、晚期之際的叔夷鐘等皆和宗周的克鐘形制相似，鐘體四面皆有鏤空的棱脊，所不同的是篆部爲豎列的S形變形獸紋。但是𬒔鎛已採用卷龍紋，龍鬚尤其突出，龍目爲一較大的圓圈，軀幹上多處有扁形的突出物，不同于楚器羽翅狀突出。軀幹上有較細的雷紋，龍紋排列不留任何空隙，這是典型的齊國紋樣。但是田齊的器，有相當部分是保留舊體制的式樣，如田和的禾簋、𨻰肪簋等，都採用了時尚所棄置的寬大的波曲紋，包括洹子孟姜壺在內，都是很古老的紋樣。禮器具有某種政治涵義，採用西周的波曲紋，也許爲了表明政治姿態。所以在春秋晚期到戰國早期新舊兩種紋飾體制并見于當時各國的禮器上，這是一個很特殊的現象。但過百餘年，𨻰侯午敦，𨻰侯因資敦等，都是質樸無華的素器了。田齊青銅器紋樣的衰退現象，好像開始得相當早。

在春秋中晚期，青銅器紋樣以北方的晉最爲繁盛，東方爲齊，南方則是楚國，覆蓋及于徐、蔡、吳等國，西戎主要是秦式紋樣。今魯西南的滕、邾、小邾，河南的黃、陳等都有局部的地域徵象。戰國早期，飾幾何紋樣的青銅器在各國大量出現，圖樣極富變幻的效果，而且嵌小塊的綠松石及間錯金銀、紅銅。在一些球形的敦上有不少幾何紋樣，鑒于球形敦是長江流域爲主的器物，豪華的幾何紋樣很可能主要是楚國的工藝，其產品行銷到其它地區，包括三晉在內。

在北方地區，三晉的青銅器紋飾是春秋晚期的繼續，以各種龍紋爲主的紋飾仍然很精緻，有意義的是出現了一批細刻紋樣盤、匜之類的青銅器。輝縣、潞城等地出現了用極鋒利的鋼刀刻鑿很細的建築、狩獵、戰鬥等圖像，在盤、匜、橢桮等器物上時有發現。橢桮這類以前稱爲舟的器物，屬晉和三晉系統，盤、匜的形式，也是屬于三晉地區的。可以説這是刻紋流行的主要地區。這種細刻紋青銅器，在山東長島、江蘇北部等地也有發現。

戰國中山王墓出土鑲金銀飛龍、虎噬鹿器座及龍鳳案座等極其精美的物件。在這些器上，有的用大片金銀片鑲嵌，有的錯工更爲細巧，兩者異趣，可能來源有所不同。要之，皆爲北方鑲嵌的風格。和南方更爲繁密精湛有規律的幾何金銀鑲嵌器件相比較，迥然有別。

戰國時代各國交通和商業往來極爲暢達，所以不能簡單地看器物在某地出土就是某國的器物。如秦國聚斂天下的珍寶，不能都看作是秦器，而是應該從器物紋飾的地區性特點，去分析該國工藝紋樣的發展趨勢。

戰國青銅禮器已轉變爲生活實用器，作爲等級制度的產物，基本上改變了性質。大約到了戰國晚期，已很少見到鑄造精湛且裝飾豪華的青銅器了。如安徽壽縣李三孤堆楚幽王陵出土的大量青銅器，除了若干器物的造型仍保留着王者雄偉的氣魄之外，多數器物呈現出粗率、衰疲的現象，裝飾已非器皿製造所必需。新的器類和品種已不再發展，如三晉流行過不少式樣的鼎，到戰國晚期基本上採用有蓋立耳、圜底短足的鼎式，并成爲後來漢鼎的固定模式了。盛食器流行青銅豆，盛酒器則是壺和鈁，壺有圓壺和扁壺數種，鈁是方壺的專名。鼎、豆、壺是最主要的生活器用，起于史前時期，直到青銅器發展的終結。各個時代都淘汰了前代繁衍的令人眼花繚亂的各種器物，剩下的仍然是生活實用的基本器物。這些器物由秦過渡到漢代，直到漢末，方才在社會生活中消失了它的作用和遺踪。

春秋戰國時代銘文和西周時代銘文有較大的不同。春秋戰國絶大多數是諸侯國的器，銘文記載了諸侯們的活動，王臣之器極其稀見，和西周銘文形成不同的對比。西秦的秦公鐘、秦公簋，晉的晉公雒盫、晉姜鼎，中山王譽鼎和妤𧊒壺，吴的吴王光鑑、吴王夫差鑑，蔡的蔡侯𩓨尊、盤和鐘；楚的楚王領鐘、楚王酓章鎛等等，皆是有長篇銘文的諸侯之器，內容重要，有的甚至有補于史籍的遺佚。與此同時存在的還有相當多的國卿和上大夫的器，著名的如晉的郘黛編鐘，齊的𬌗鎛、洹子孟姜壺，徐的沇兒鐘，楚的王子午鼎、王孫遺者鐘，吳的者減鐘，越的者汈鐘等等的銘文，大多是表明身份的崇高和世家尊榮之作。再就是一大批國君和國卿鑄兵器刻名的銘文，如越王鴿淺（句踐）劍、吳王夫差劍、蔡侯產劍、宋公得戈、呂不韋戈等等。這種情形，在西周時代是沒有的。再有是諸侯、卿大夫們鑄銘媵女之器，如齊侯號孟姬良女匜，徐的義楚鍴、盤、庚兒鐘及陳侯壺、陳侯簠、薛侯匜。還有是各國諸侯自作用器，鑄有銘文者甚多。其它如節、傳、兵符等等。戰國晚期商周禮器的概念已不爲社會所接受，器物上的刻銘只是記錄各國督造和冶造機構官員的官名、人名或器物的重量等內容，即所謂「物勒工名，以考其誠」之意。這樣，青銅器銘文，也就發展到了最後的階段。

春秋早期銘文仍是西周時代的繼續，而且有所退步，這主要是一些剛露頭角的小國，文化基礎薄弱，故銘文字劃草率，缺筆反書者皆有之。從春秋中期開始，和青銅藝術發展同步，對字形美化的追求支配了當時的銘文世界。在此基礎上出現了以鳥形增飾的銘文，特別在吳、越、蔡、楚等國的兵器上極其流行。如吳王光劍、王子于戈、越王鴿淺劍、越王者旨於賜劍、越王州句劍、楚王酓章劍、楚王孫漁戈、蔡侯產劍、蔡公子加戈等上的文字，通常稱爲鳥書。和鳥書同時出現的以獸形或獸頭爲銘文主要增飾的部分，如宋公䜌戈、宋公得戈等銘文只有獸形而沒有鳥形，這種文字稱之爲蟲書，合之或稱爲鳥蟲書。更有一種文字，增飾極其怪異，如楚王子午鼎銘文，既有鳥形的，也有人形正立或踞坐的，更有筆劃演變成肢體，其譎奇怪異，莫可名狀，這是字形藝術化走向極端的表現，不求辨認解讀，但求字形之美術裝飾效果，通篇文字可以當作圖案或藝術作品看。但是作爲文字的性質和應有的功用却缺乏生命力，因而這類古文奇字，傳之甚少。

鑄鏡工藝是商周絢麗青銅藝術的餘輝。

公元前二二一年秦王政盡兼并六國諸侯統一天下，建立强大的中央集權制的封建帝國。歷史條件的改變，社會生活的不同需求，使青銅藝術失去了滋長的養料。轉化成爲日常生活中的用器。漢帝所封的諸侯王仍擁有奢侈的青銅器，但那也是生活用具。此後，青銅作爲人們長期運用的一種金屬合金而存在。

青銅鑄造的日常用具有廣泛作用的是鏡。鏡在史前時期的齊家文化中已經出現，甘肅廣河齊家坪和青海貴南尕馬臺都出土過銅鏡，尕馬臺鏡并有七角紋樣。以後商周時代也有青銅鏡發現，但爲數不多，説明青銅鏡的鑄造仍然是個别現象。春秋晚期出現了可以大面積照容的鑑，晋智伯鑑銘文稱爲「智君子之弄鑑」，説明這鑑不是平常的水器，可能是主要用來照鑒容顔的。此時的青銅鏡還未大量推行到日常生活中去，它的廣泛流行是在戰國中、晚期，并且形成了以晋文化和楚文化不同型式和不同裝飾紋樣的兩大系統。三晋系統鏡，體似薄片，鈕甚小，紋飾精細，佳品直如錦緞，紋樣有動物紋、動物變形和幾何紋等多種，鏡的邊飾有綯紋等，有明顯的地域性特徵。在初行時的晋鏡有個别厚邊的，這可以看作是嘗試性設計。楚文化系統的鏡體也很薄，通常有一周加厚的鏡邊，背面有五山紋、六山紋等鈎連紋的變化式樣，還有羽翅紋，或以羽翅紋爲地的各種動物紋，紋樣線條活潑流暢。

兩漢鑄鏡業極其發達，考古發現的隨葬品甚多，在斷代研究方面有不少成就。漢鏡的紋樣豐富多彩，尤其是早期簡單的祐福之詞發展爲系統的鏡銘，并且出現了有紀年的銘文。漢人關注天象，重視道家的神仙故事，在青銅鏡的紋飾中有不少表述。東漢的畫像鏡是漢鏡中很重要的組成部分，不僅内容豐富，而且雕刻技法質樸、純熟，畫像充滿着想像力。兩漢的鑄鏡技術達于頂峰，對合金和鏡表面處理技術有着傑出的成就，有一些漢鏡至今仍精光湛然，具有抗腐蝕的極佳性能。漢鏡使用熟練的失蠟法鑄造，而製作蠟胎的範型是用滑石一類的石質製成的，因而紋飾能刻劃自如，靈巧生動，最好的漢鏡圖像，説它能做到纖毫分明，没有過份之處。

唐鏡是古代鏡史中的又一高峰。從技術角度看，唐鏡全部繼承了漢鏡的鑄造技術，没有更多的發展。所不同的是唐鏡的藝術形象極其豐富，首先，唐鏡不再是單件渾圓的模式，出現了葵花鏡、菱花鏡、方鏡等極爲新穎悦目的式樣。在紋樣内容方面也全然是新的，尤其是隋唐之際佛教藝術中的寶相花，普遍成爲鏡的紋樣。這是佛教藝術的浸潤作用，使青銅鏡産生了根本不同于以往的清雅優美的效果。海獸葡萄鏡是最典型的唐鏡，這富麗而有生趣的圖像，乃是與西域文明交流的産物。常見的還有舞鸞鏡、蟠龍鏡、神仙鏡、騎狩鏡、打馬球鏡等等，表現了更廣闊的題材。唐鏡的紋樣大都寫實，表現相當生動傳真。鏡背更發展了加工工藝，出現了金銀平脱鏡、嵌螺鈿鏡、金背鏡和銀背鏡等。中國的青銅鏡工藝，至唐代而匯集大成。

夏和商早、中期青銅器概論

楊育彬

中華大地有着悠久的歷史和燦爛的文明，從遥遠的古代起，我們的祖先就勞動生息在這片遼闊的土地上，創造了舊石器時代文化和新石器時代文化。公元前二十一世紀夏王朝的建立，表明中國開始進入了人類歷史的文明時代。公元前十六世紀誕生的商王朝，把我國古代社會又向前推進了一步。夏、商屬于青銅器時代，是以開始生產和使用青銅生產工具、兵器和容器爲其特徵的。自夏代到商代早、中期，青銅鑄造工藝由濫觴到發展，從小到大，由簡到繁，從樸素無華到富麗堂皇，推動了商代晚期以至兩周時期青銅器的大發展，使之達到高峰，在考古學和美術史上占有舉足輕重的地位。

一

在人類文明史上，青銅器的出現，對社會進步有着巨大、深遠的影響。它標志着古代社會由新石器時代進入青銅時代。由于青銅器的使用，社會生産力有了一個飛躍，爲改變生産關係創造了必要的條件。冶鑄青銅器本身，就體現了生産力的進步。而冶鑄生産的組織工作，又反映了生産關係的變化。據考古發掘可以知道，早在仰韶文化時期的西安半坡和臨潼姜寨遺址，就曾出土過黃銅片或黃銅管；屬于馬家窰文化的甘肅東鄉林家遺址，曾發現過青銅刀；在晚一些的甘、青齊家文化遺址中，出土有紅銅器和青銅器，多爲生産工具和裝飾品。其中青海貴南尕馬臺出土的銅鏡是我國目前發現最早的一面銅鏡，係合範鑄造，顯示了青銅工藝的進步。而在龍山文化中、晚期遺址和墓葬中，發現了更多的有關青銅鑄造的遺物和遺跡。龍山文化真正揭開了青銅時代的帷幕。

建國以來，在山東膠縣三里河龍山文化遺址發現有兩段銅錐；棲霞楊家圈遺址出土有一段殘銅錐、銅煉渣及孔雀石；諸城呈子遺址和長島縣北長山島店子遺址均發現銅片；日照王成安堯龍山文化遺址出土有銅煉渣。在河南鄭州牛砦龍山文化遺址中發現有煉銅用的坩堝殘片，經化驗分析確認所煉之銅爲鉛青銅；鄭州西郊董砦遺址也曾出有銅片；臨汝煤山遺址的灰坑（H28、H40）內，出土有煉銅用的坩堝殘片，較大的一塊長五點三厘米，寬四點一厘米，厚約二厘米，爲紅燒土，上面有六層銅液的痕跡，每層厚零點一厘米；登封王城崗龍山文化城址的窖穴（J17）內，出土一件青銅器殘片，殘高五點七厘米，殘寬六點五厘米，壁厚約零點二厘米。殘片表面有烟熏痕跡，說明其原爲實用的容器；從它的弧度來看，可能是鬶或斝的殘片；其左端還留有一小段合範縫，說明鑄造工藝已有了一定的水平。淮陽平糧臺龍山文化城址的一座灰坑（H15）內，發現一塊銅煉渣，呈銅綠色，長一點三厘米，斷面近方形，邊長零點八厘米，顯然是煉銅的遺存。此外，在山西襄汾陶寺龍山文化遺址的墓葬（M3296）內，出土有一件銅鈴，它的外面有清晰的布紋痕跡，可能是埋葬時包裹有絲麻織物。銅鈴橫斷面呈菱形，長對角爲五點二至六點三厘米，短對角爲二點一至二點七厘米，高二點六五厘米，頂部有直徑零點二五厘米的小圓孔，係成器後再加工鑽成，便于舞蹈時將鈴掛在腰間。這是一件我國目前發現時代最早的用復合範鑄造成型的樂器。

由于種種原因，不可能有很多龍山文化的青銅器保留到今天，但這并不能否認青銅器的發明對于推動古代社會由新石器時代進入青銅時代的巨大歷史作用。龍山文化的青銅器，主要還是用于維護和加强統治，而不是用于生產。即使到了商代，雖然生產了大批青銅器，除部分是生產工具外，大多還是禮器和兵器，用于祭祀和打仗，即所謂「國之大事，在祀于戎」。也就是說，青銅器與當時的政治、軍事、宗教等活動密切相關，被稱爲「國家政權、等級制度的物化形式」。上述這些與鑄銅有關的遺跡與遺物的發現，證明在距今四千多年至六千多年前，中國已開始出現了鑄銅工藝，中國古代青銅器源遠流長。

從考古學角度去探索和研究夏文化，是建國後提出的新課題之一。一九五〇年發現了鄭州二里崗商代遺址，其後又找到了與之同時的鄭州商城，這是中國考古學領域第一次找到盤庚遷

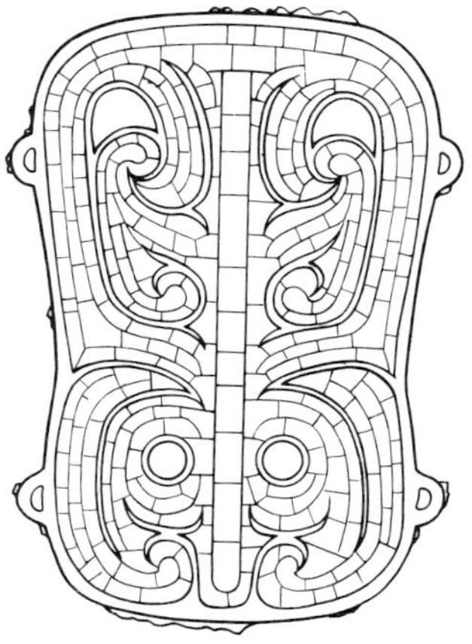
插圖一　偃師二里頭出土獸面紋銅牌飾

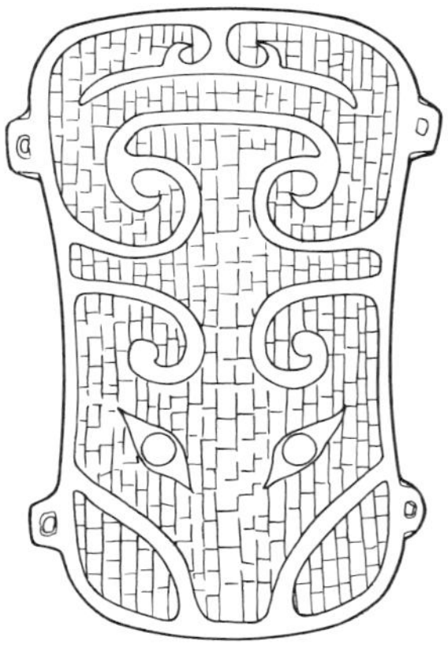
插圖二　偃師二里頭出土獸面紋銅牌飾

插圖三　偃師二里頭出土素面銅鈴

殷之前的商代都邑，這大大擴展了人們的視野，增强了尋找夏文化的信心。從一九五六年開始，考古工作者陸續在河南嵩山周圍和伊洛平原一帶，以及晉南汾水下游等地，進行廣泛地考古調查和重點發掘，終于發現了一種早于鄭州二里崗期商文化、晚于河南龍山文化的新型文化——二里頭文化。同時還找到了屬于河南龍山文化晚期的城址。這對探索和研究夏文化當是一項重大的突破。

目前，學術界對夏、商文化的分期有多種不同的看法，其中最主要的兩種是：其一認爲河南龍山文化晚期和二里頭文化一、二期分別屬于夏文化的早、晚階段，而二里頭文化三、四期則屬于商代早期，鄭州二里崗文化屬于商代中期，安陽殷墟屬于商代晚期；其二認爲二里頭文化全屬夏文化，鄭州二里崗文化爲商代早期，安陽殷墟屬商代晚期。青銅器的發展雖然比較複雜，但仍可大致依附于考古學分期之內。本卷採取一種綜合的分期意見，即龍山文化晚期爲夏代早期，而所收錄的夏代晚期青銅器則爲二里頭文化遺物，商代早期青銅器爲二里崗文化遺物，而商代中期青銅器則屬于二里崗文化與安陽殷墟文化之間過渡期的遺物。

二

二里頭文化分布的範圍較廣，以河南偃師爲中心，北到晉南，西至陝西東部，東到豫東，南至湖北，均有二里頭文化遺存發現，這大致相當于夏王朝的近畿地區和周圍的方國部落。其中著名的遺址有偃師二里頭和灰嘴、澠池鹿寺、陝縣七里鋪、洛陽矬李和東干溝、汝州煤山、鄭州洛達廟、密縣新寨、夏縣東下馮等地。二里頭文化青銅器出土的確鑿地點較少，大部分出自偃師二里頭遺址，新鄭望京樓遺址、豫西洛寧一帶和豫東商丘附近也有少量出土。

在偃師二里頭遺址中，先後出土了一大批青銅器，其中有刀、鑿、錐、魚鈎等生產工具，有戈、戚、鏃等兵器，有爵、斝、鼎、觚、盉等容器，還有銅鈴等樂器和圓牌銅器及獸面銅牌飾等。這些青銅工具和一些簡單的銅鏃，可能是仿石、骨、蚌器而製作。但另有一些工具和兵器，從形制到鑄造都比較複雜。如雙翼帶鋌式的銅鏃，製作就有一定難度；銅戈中有直內戈和

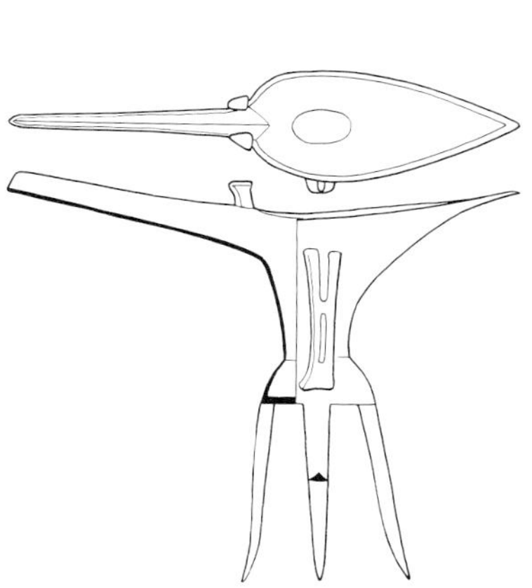

插圖四　偃師二里頭出土爵

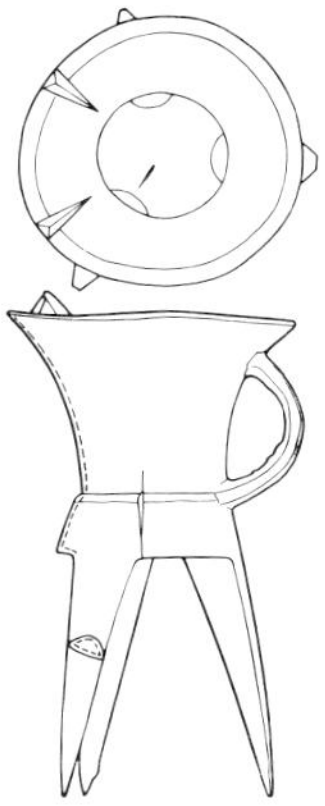

插圖五　偃師二里頭出土三棱錐足斝

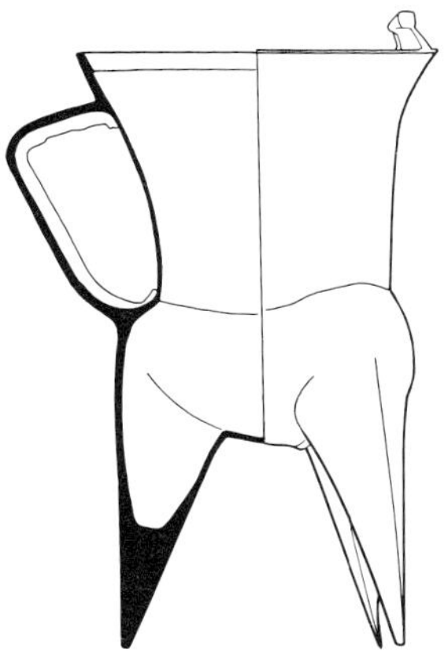

插圖六　偃師二里頭出土袋狀空錐足斝

曲內戈，內部有穿，還有變形動物紋（其狀近似雲紋）或齒狀裝飾；銅戚呈長條弧刃，有上下闌，內部有方孔；銅刀中有一件尖部圓鈍稍向上翹，厚背略方，柄部微曲，兩側飾平行凸斜紋，中間有六個凹槽，環首。圓牌銅器的器邊用六十一塊長方形綠松石鑲嵌，很近似于鐘表刻度形，中間鑲嵌兩圈裝飾，每圈均由十三個十字形組成，製作相當精緻。這不僅需要熟練的鑄造工藝，而且還需要高超的鑲嵌技術。出土的三件盾形銅牌飾，近似長方圓角盾牌的形狀，兩側各有二穿孔鈕，凸面用許多長條形、方形和三角形綠松石小片鑲嵌成獸面紋，圖案組合異常精巧，色彩斑斕，當爲二里頭文化的稀世珍寶（插圖一、二）。出土銅鈴二件，上有繫，一側有扉，爲較早的青銅樂器（插圖三）。最能反映當時鑄造工藝的是青銅禮器。在偃師二里頭遺址至少已出土十件銅爵，這種容器需採用多合範的方法鑄成，既要有外範，又要有內範。從鑄痕上看，用範已達四塊或更多。有的銅爵仿陶器製作，器體較低，流口無柱，口沿邊稍厚，流尾間距較近，束腰平底，三足較短，微向內斂；還有些銅爵已與陶爵有別，可能是專門設計製作。其器體較高，流尾間距稍遠，束腰平底，腹下接三足向外撇。鋬上有長條形鏤孔，這是二里頭文化銅爵的突出特點。偃師縣文化館保存有一件銅爵，形制很大，窄長流，尖尾，流口間立二矮柱，束腰平底，腹部的一面有兩道寬一點二厘米的凸線，中間排列有五個乳釘裝飾，鋬上兩個長條形鏤孔顯得更大，底部呈橢圓形，三足較細長，造型別致，獨具一格，顯示了較高水平的造型美。該器通高二十二點五厘米，流尾長達三十一厘米（插圖四）。另出有銅斝三件，均爲敞口，口沿立二矮柱。其中有一種近似于陶斝，爲束腰平底，下附三棱錐狀足（插圖五）；另一種則具有獨立特徵的銅器風格，長頸腰內收，下部圓鼓并收成圜底，下附扁圓袋狀空錐足（插圖六）。又出有銅鼎一件，折沿，薄唇內附加厚邊，沿上立二環狀耳，平底，下附空心四棱錐狀足，腹飾帶狀網格紋（插圖七）。又出有銅盉一件，這也是最早出現的青銅禮器之一，半封頂，頂上插一豎直的管狀流，下爲三個袋足的容器，與陶盉形制相同。還出土有銅觚等容器。由于在偃師二里頭遺址發現有銅渣、陶範和坩堝殘片，說明這些銅器都是當地製造的。

除此之外，新鄭望京樓出有一件素面銅爵，天津歷史博物館收集一件豫東商丘附近出土的

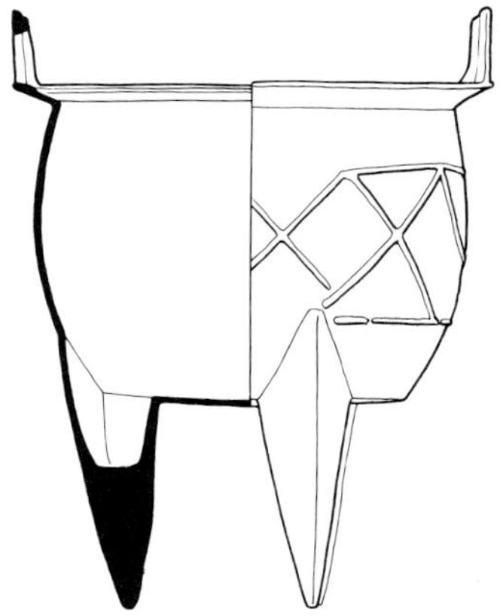

插圖七　偃師二里頭出土網格紋鼎

素面銅爵，上海博物館也收藏有素面銅爵，均與偃師二里頭所出銅爵相似，應是同時期遺物。鄭州二里崗文化商代墓內曾出有兩件銅斝，均爲敞口，沿立二釘帽狀矮柱，長頸腰內收，鼓腹，圜底，袋狀空足。與偃師二里頭遺址所出一種銅斝形制相同，只是腰部飾乳釘紋和弦紋，其中一件腹部還飾有五個圓形鼓面紋，可見其使用或流傳時間之長。上海博物館和鄭州博物館所收藏的幾件銅斝，雖然出土地點不明，但形制相同，都是二里頭文化遺物。

還要指出的是，陝西省博物館收集一件豫西洛寧一帶出土的青銅角（亦稱管流爵），敞口呈凹弧形，兩端尖鋭，器身扁圓。腹中部置一個管形長流，外伸超出器的口部，其長度與凹弧形口相等，流根寬大，向上逐步收縮，到流口爲一小圓管。腹側有一大鋬。平底，三個三棱形錐足置于器底旁的腹外壁，而且上端高于器底，使之距離拉大，可使器物穩定放置。上海博物館也藏有一件銅角，敞口呈凹弧形，兩端尖鋭，口沿有加厚的唇邊，器身狹長呈扁形，底下部有假腹，似圈足形，有一周圓孔裝飾，似聯珠紋，圈足下設三個三棱形錐足。假腹稍高處有一斜置的管狀流，流上有鈎形棱脊。器身有兩行平行的小乳釘紋，一側有一個扁形鋬。從這兩件角的造型看，亦應爲二里頭文化的遺物。

綜上所述，可以看出二里頭文化青銅器，品類較多，不僅有工具、兵器，還有包括爵、角、斝、鼎、觚、盉在內的成組禮器，表明當時的青銅器已脱離了原始階段，在鑄造技術上有了很大發展。除素面之外，有的銅器上還飾有變形動物紋、乳釘紋、鼓面紋、網格紋、弦紋、鏤孔等花紋，尤其是圓牌銅器和盾形銅牌飾鑲嵌成鐘表刻度或獸面紋，更顯示出較高的藝術水平。若考慮到二里頭文化出土的玉柄形器上已有多疊層的獸面紋裝飾，陶器上有淺刻的龍蛇紋，可以推測當時青銅容器上也可能有動物紋裝飾。這開創了中國青銅器以動物紋樣爲裝飾主題的先河。此外，根據《左傳》宣公三年的記載：「昔夏之方有德也，遠方圖物，貢金九牧，鑄鼎象物，百物而爲之備。」再聯繫到諸如偃師二里頭高二十二點五厘米、流尾長三十一厘米的青銅爵的出土，就可以知道夏代晚期完全能够鑄造出形制較大和較爲複雜的銅器來。

三

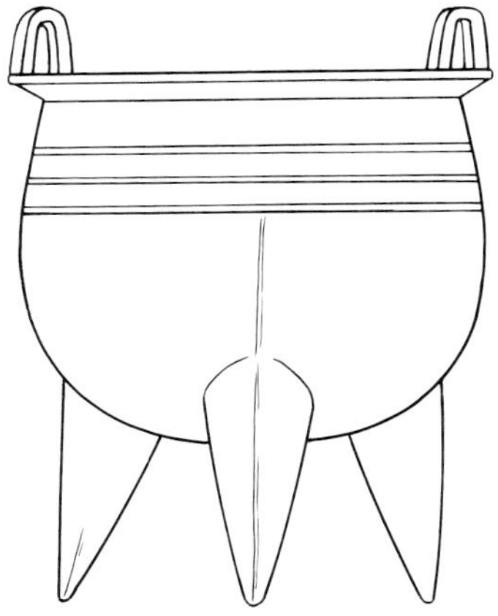

插圖八　鄭州出土弦紋鼎

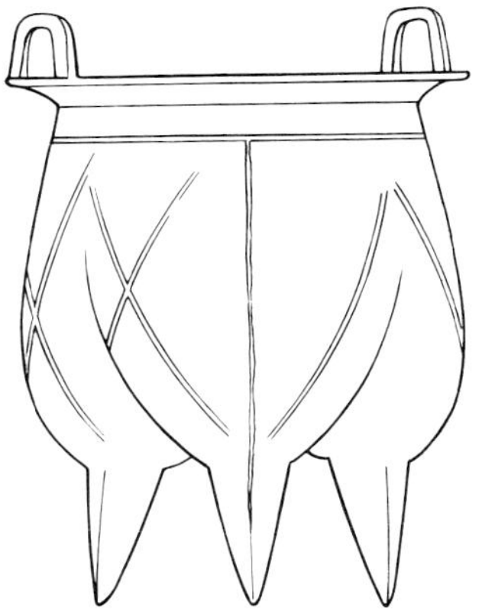

插圖九　鄭州楊莊出土人字紋鼎

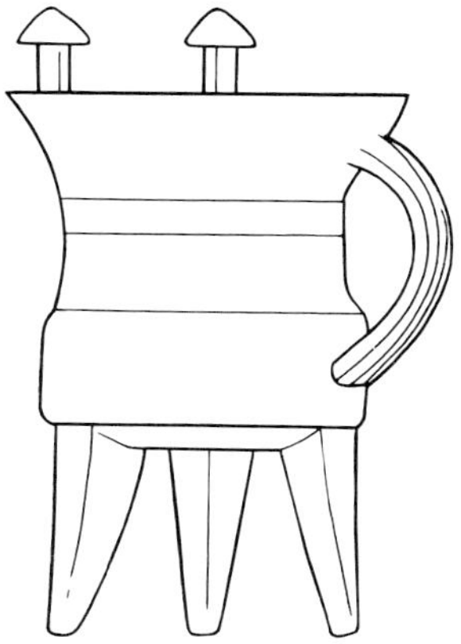

插圖一〇　鄭州白家莊出土弦紋斝

商滅夏之後，疆域迅速擴大，以鄭州二里崗所代表的商文化，其影響向北達到北京附近的潮白河流域，向西到陝西扶風的渭河中游一帶，向東到山東曲阜的泗河流域和淄河附近的青州以及豫東的永城地區，向南到湖北長江北岸的黃陂和江西贛水流域的清江、新干周圍。在這個大範圍內，都發現有二里崗期商文化遺址，其中不少地方出土有青銅器。青銅器出土地點主要集中在鄭州附近，其次有河南密縣、登封、滎陽、中牟、新鄭、偃師、輝縣、林縣、獲嘉、武陟、孟縣、舞陽、項城、柘城，還有陝西銅川、子長、岐山、清澗、綏德，山西平陸、垣曲，山東濟南，湖北黃陂，江西新干、清江等地。上海博物館也收藏許多二里崗期商文化的青銅器。有一些二里崗期青銅器還流散到國外。

二里崗期商文化延續時間很長，可劃分爲較早的二里崗期下層和稍晚的二里崗期上層。二里崗期下層青銅器較少，器壁普遍很薄，紋飾也較簡單；二里崗期上層青銅器數量很多，有一些器壁已相當厚重，紋飾也很複雜。

二里崗期商文化最常見的青銅生產工具和兵器有斧、钁、斨、鑿、錛、錐、鑽、刀、戈、矛、鏃和魚鈎等。它們的形制仍多仿石器和骨器，并承繼二里頭文化同類青銅工具和兵器的特點，但已有明顯的變化和改進。如斧、钁、斨、矛的頂端有銎眼，用以納柄；鏃有兩翼和血槽；戈的援內有凸起的闌，以防戈頭脱柲。這一時期的青銅容器種類很多，其中以酒器爲主，包括爵、觚、斝、尊、罍、提梁卣（壺）、盉等，而爵、觚、斝是最普遍、最基本的組合；食器也有相當數量，包括圓鼎、方鼎、鬲、甗、簋等，尤以鼎和鬲居多；水器較少，有盤、盂等。這些青銅容器的形制已逐漸脱離陶器的窠臼，在紋飾上也有了自己的特點，開始以獸面紋爲主體的裝飾，遠比陶器表面的拍印紋飾富于變化和精緻。二里崗期下層墓葬出土的銅器，鼎和鬲的口沿上都有半環狀耳，兩耳和三個尖錐狀空足排列的部位和同期出土的深腹陶鼎相同，即一耳在兩足間的空襠，另一耳與另一足相對應。一些鼎的頸腹間飾數周弦紋（插圖八）。鬲的腹部與分襠間的外壁飾兩周凸起的人字紋（插圖九）。斝的形制和同期的敞口陶斝相似，但在頸下鑄兩周弦紋（插圖一〇）。盉的器形與二里頭文化的銅盉相似，只是管狀流加長且有些

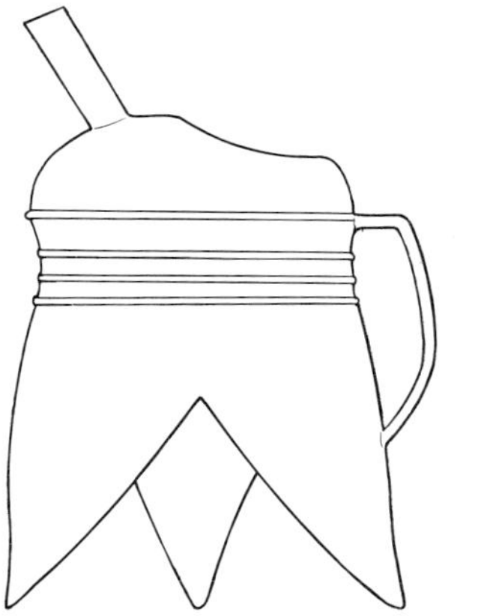
插圖一一　鄭州醫學院出土弦紋盉

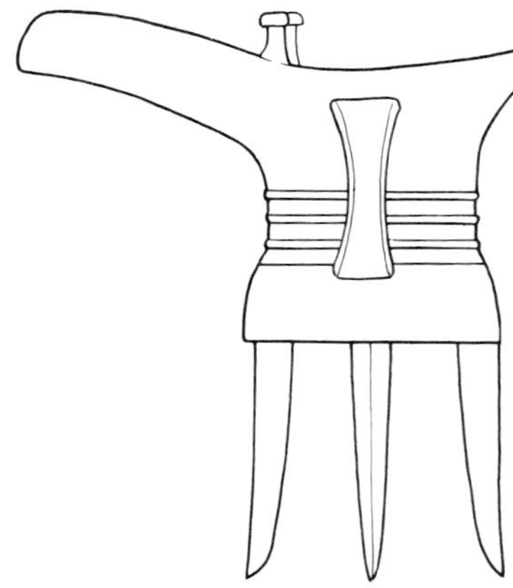
插圖一二　鄭州銘功路出土弦紋爵

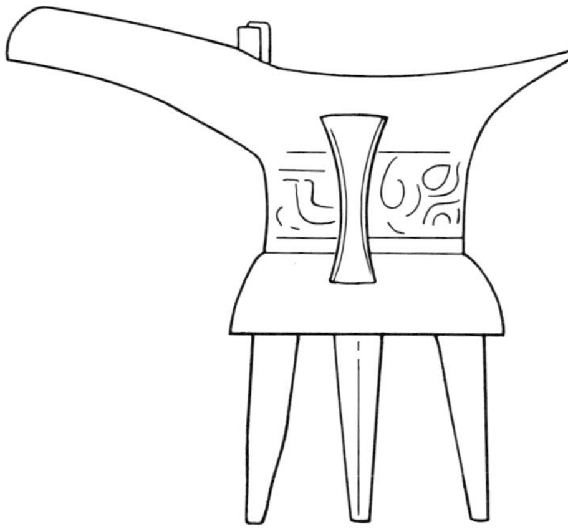
插圖一三　鄭州白家莊出土獸面紋爵

向前傾斜（插圖一一）。爵扁體平底，窄長流，流口間立二矮柱，三錐狀足支點似不穩定，底下外壁有「人」形的範線與三足相連，腰較二里頭文化的銅爵略粗，口沿保持稍加厚的作風。有的銅爵飾弦紋（插圖一二）和乳釘紋，有的已經裝飾處于起步階段的獸面紋（又稱饕餮紋）（插圖一三）。如鄭州、登封、中牟出土的銅爵上，獸面紋的雙目是空白的，形象很簡單且各不相同，說明這種紋飾正在發展過程中，尚未定型。二里崗期上層墓葬或窖藏出土的青銅器，較下層的器類和數量均有增加。有些銅爵器身較長，上腹較細，下腹圓鼓，腹壁間飾兩層獸面紋，流口間有獨柱（插圖一四）或較高的雙柱。鄭州、中牟、黃陂出土的銅盉，多飾較前複雜的獸面紋，斜管流，頂有鷄心狀口，後側有大鋬，下爲三寬袋足，很富有特色（插圖一五）。新鄭出土的圓鼎，深腹空足，兩耳和三足的位置雖與下層的鼎相同，但出現子母口沿，可以承蓋。鄭州和平陸出土的大型銅方鼎，口沿的長寬比例相近，下爲深斗方腹，四足空心（插圖一六、一七）。鄭州、黃陂和平陸出土的大型銅圓鼎，頸部飾獸面紋，圜底下附三空心足，前所未見（插圖一八）。鄭州商代青銅器窖藏中出土的雲雷紋扁足鼎，爲侈口，折沿，方唇，淺鼓腹，圜底，下附三夔紋足（插圖一九）。這對商代中晚期同類器的裝飾和造型有一定影響。也有青銅器專家認爲該扁足鼎時代較晚一些。銅斝有的器形與下層還頗接近，但雙柱已變高，頂端鑄成菌狀并飾渦紋，通身紋飾已較複雜（插圖二〇）。觚、尊、罍、盤的圈足較矮，并有十字鏤孔。獸面紋提梁卣、渦紋中柱盂（插圖二一）、帶流銅觚，是新出現的器類，獨具匠心。二里崗期上層青銅器的紋飾，已經趨向成熟。鼎、鬲、爵、斝、觚、罍和尊，大都採用單層花的流動雲紋和帶狀獸面紋作裝飾的主題，但偶然也可見到目雷紋、三角雷紋和弦紋，夔紋也是重要的裝飾內容。在布局上，這些紋飾多安排在器物的頸部、肩部、上腹部或圈足的外壁。環繞于爵、觚外壁的通常是兩組，在鼎、鬲、盉、斝、罍、尊、盤外壁的多係三組。這時期的紋飾，也并非單一的，還有用單線條或雙線條組成的獸面紋，雙目凸出器表，線條間的空隙較大，似是後世用白描手法勾勒出來的。這在鄭州和輝縣出土的一些銅器中，最爲典型。鄭州西北郊小雙橋遺址，曾出土兩件相似的青銅建築構件，整體近方形，平面爲凹字形。保存最完整的一件高十八點五厘米，正面寬十八點八厘米，側面寬十六點五厘米，兩側面

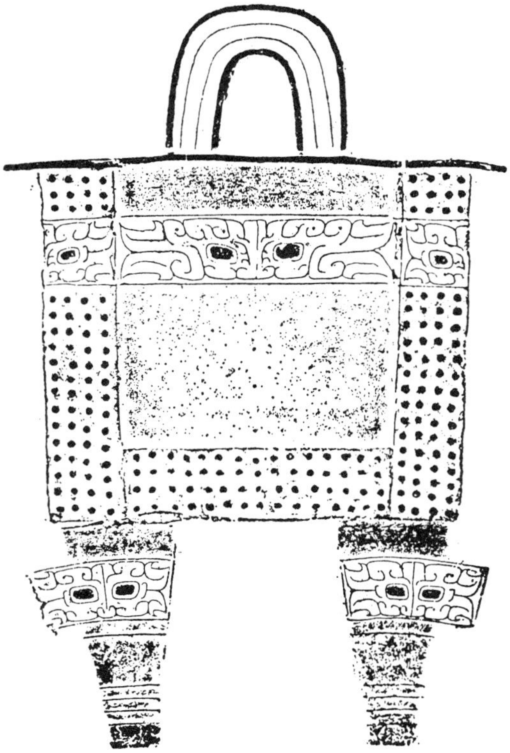

插圖一六　鄭州向陽食品廠出土獸面紋大方鼎

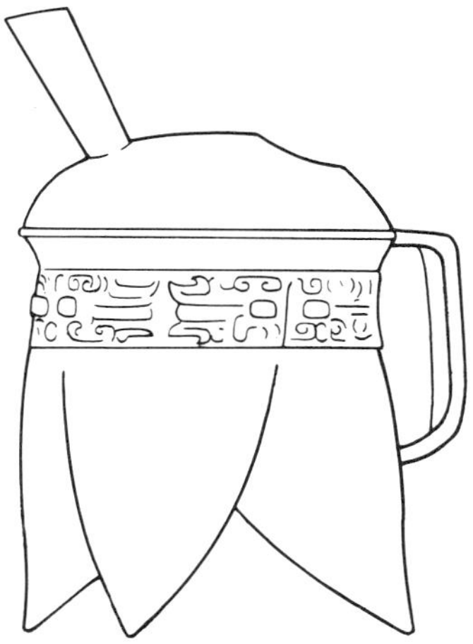

插圖一五　河南中牟黃店出土獸面紋盉

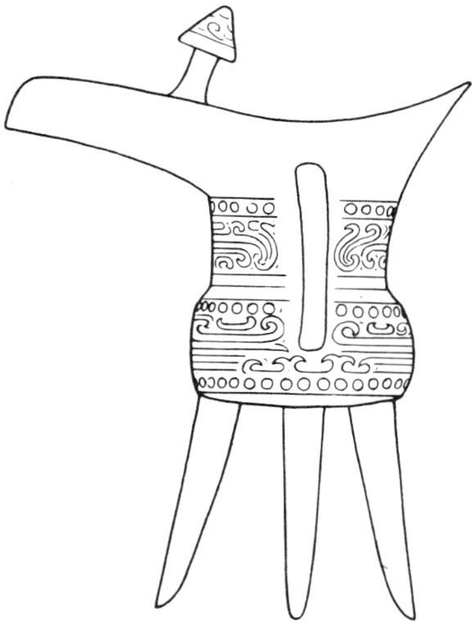

插圖一四　鄭州楊莊出土獸面紋獨柱爵

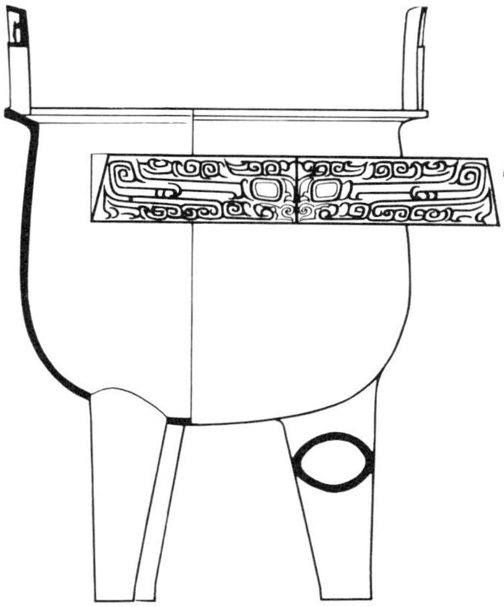

插圖一八　鄭州向陽食品廠出土獸面紋大圓鼎

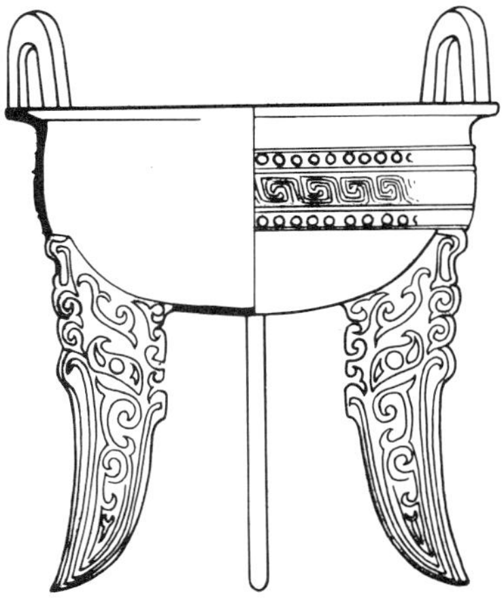

插圖一九　鄭州向陽食品廠出土雲雷紋扁足鼎

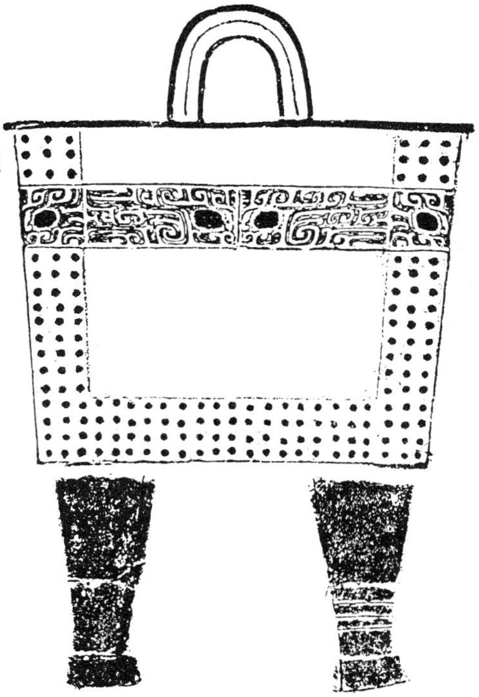

插圖一七　鄭州向陽食品廠出土獸面紋大方鼎

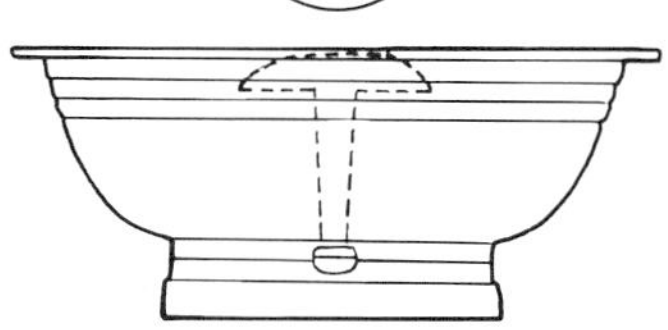

插圖二一　鄭州向陽食品廠出土渦紋中柱盂

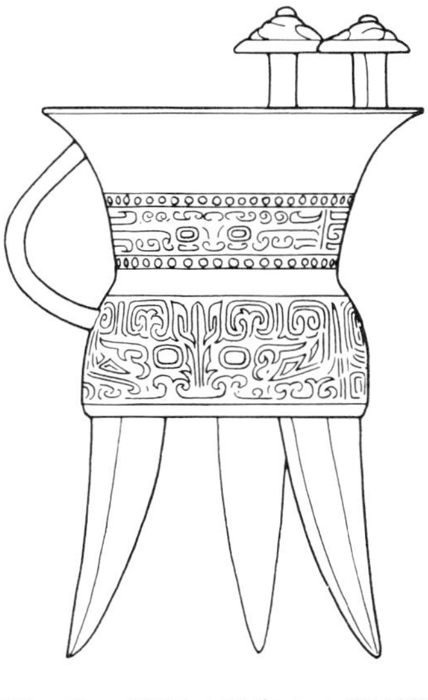

插圖二〇　鄭州二里崗出土獸面紋斝

插圖二二　鄭州小雙橋出土獸面紋青銅建築構件紋飾

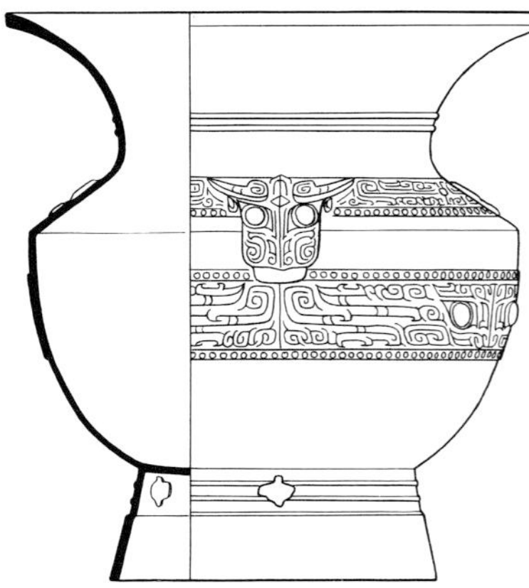

插圖二三　鄭州向陽食品廠出土獸面紋牛首尊

各有一個六乘四點二厘米的長方孔，壁厚零點六厘米，重六公斤。構件正面飾單線獸面紋，側面在長方孔的四周爲一組龍虎鬥象圖，龍虎形象生動，象爲藝術變形。其造型獨特，紋飾繁縟，實爲不可多得的藝術精品（插圖二二）。此外，二里崗期上層還有用單線條組成的目雷紋和聯珠紋，以及雲雷紋、圓渦紋和十字鏤孔等裝飾。二里崗期上層偏晚階段的少量青銅器，其紋飾由帶狀分布轉向通體展開，如鄭州出土的個別尊（插圖二三）、罍、卣、爵，偃師出土的尊，輝縣出土的爵及滎陽出土的斝等就是如此。尤其需要指出的是鄭州白家莊出土的罍，頸部飾有近似族徽文字的三個龜形圖案，肩部飾雲雷紋，腹部飾較大的獸面紋及雲雷紋，主紋上增添了細線，上下緣以雷紋作邊飾，圈足上飾弦紋和十字鏤孔。整件器物顯得富貴華美，該器時代也可能晚一些（插圖二四）。鄭州向陽回族食品廠出土的提梁卣（亦有稱爲壺者），提梁、卣蓋、器身和圈足均有紋飾，尤其頸腹部通體飾用豎向夔紋組成的獸面紋，使全器變得富麗堂皇（插圖二五）。這件提梁卣從地層關係和同出陶片看，當爲二里崗期上層遺物。此卣形制開晚商細頸卣的先河，但頸部還不明顯。二里崗期青銅器飾有如此繁縟的花紋，尚不多見。有些青銅器專家認爲其應屬向殷墟文化過渡的器物，此說也不無道理。

由此可以看出，二里崗文化青銅器已在二里頭文化青銅器樸素造型和裝飾的基礎上，發展到了一個全新的階段，青銅禮器占據了主導地位，已成爲青銅時代最主要的象徵。這些青銅器不但有諸多種類各異的器物造型，而且還有形形色色的紋飾使之錦上添花。這些紋飾中最主要的是各種獸面紋。有些是簡單抽象的獸面紋，用粗獷的勾曲線條組成突出的雙目，其余角、軀幹、爪等部分極爲簡略。在獸面兩側平直延伸，末端總是向上下對稱，作刀尖狀彎曲，類似魚尾形。線條之間有一定空隙，顯得莊重大方。獸面紋上下多界以聯珠紋，成爲二里崗期文化青銅器裝飾的特有標志。還有一些用細線條組成的簡單抽象的獸面，中間有突出瞳仁形雙目或僅有一對橢圓形邊框的雙目。線條彎曲自如，紋飾的空間更大一些。更有甚者連雙目也省掉了，僅存左右兩側向上彎曲的線條，上下亦多有聯珠紋作爲邊飾，呈現一種別致的變形獸面的風采，達到了亦真亦幻的藝術效果。這類細線條裝飾，也多以條帶狀飾于爵、觚、斝的腹部，時代相對比粗線條裝飾早一些。還有一些較複雜的獸面紋，多以粗線條組成，在雙目的兩旁爲軀

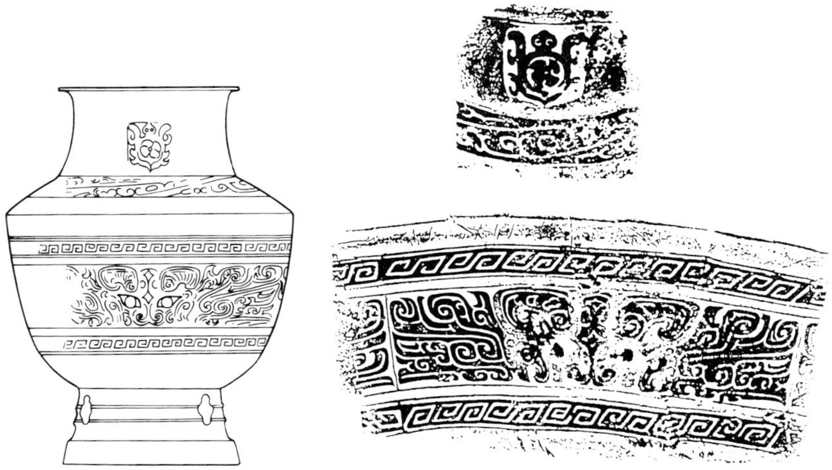

插圖二四　鄭州白家莊出土獸面紋罍及紋飾

體，向兩側展開後，尾部向上卷曲，有的是相向卷尾，有的是相背卷尾，結構較繁，形成尾部上下不對稱。多飾在斝、爵上，儘管還是帶狀分布，但寬度有所增加，有的上下亦界以聯珠紋，時間稍偏晚一些。在二里崗上層時期，一些尊和罍的肩部，還飾以突出器表的牛首或羊首，以增加立體感。除獸面紋之外，還有已經提到的聯珠紋，以及渦紋、弦紋等幾何紋飾，多作爲陪襯裝飾在青銅器上。使每件青銅器都成了精妙無雙的瑰寶。這些豐富的藝術裝飾，展現了二里崗期青銅文化的特點。

探討這些青銅器的鑄造工藝，也是一項不可缺少的重要研究課題。一九五四年，發掘了鄭州南關外商代二里崗期鑄銅遺址。一九五五年在鄭州紫荆山北地又發掘了一處商代二里崗期鑄銅遺址，發現有小型房基和硬土地坪上粘附銅渣和布滿綠銹的鑄銅場地，還出土大量的坩堝殘器和碎片、紅燒土塊、煉渣、木炭和數以千計的鑄造各類青銅器的陶範，表明此處當時生產規模還是相當可觀的。

當時熔銅的坩堝有三種。一種是用黏土堆製而成，外部敷有較厚的草拌泥，橢圓形口，坩堝內外粘有一層銅渣，有的口部還有破裂痕，大約是由于高温形成的。另一種是用泥質陶大口尊做胎改製成的，這是二里崗商文化常見的一種器物，其形制爲大口，頸內收，凸肩，深腹，圜底，通常飾有繩紋、弦紋和附加堆紋。爲了加固器壁，改製時在器壁內外塗有較厚的草拌泥，由于高温，器內壁變成青灰色，并附有一層銅渣。還有一種是由砂質紅陶缸改製的，其耐火程度要比泥質大口尊高，所以只在外壁塗草拌泥。經過高温，缸的胎壁都燒成磚紅色，內壁也粘附有一層銅渣。

在大量的陶範中，能看出器形的有钁、錛、斧、刀、鑿、錐等生產工具範，數量較多；鏃、戈等兵器範較少；方鼎、圓鼎、鬲、斝、爵、觚、尊、罍等容器範也占相當數量。值得注意的是，這兩處鑄造青銅器的作坊遺址，除了出土相同種類的陶範之外，在南關外還發現有數量較多的钁範和鏃範，在紫荆山北地出土的刀範和戈範較多。看來它們的產品還有些不同，可能在生產上有了一定的分工。

這種陶範是一種「硬範」，商代用硬範來鑄造青銅器，是一種先進的技術。採用範鑄

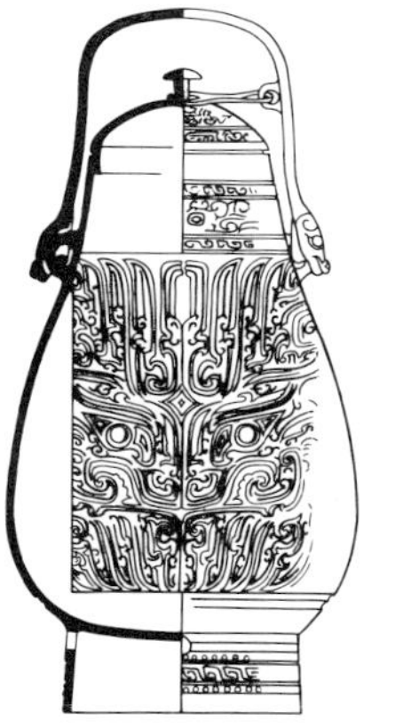

插圖二五　鄭州向陽食品廠出土獸面紋卣

法，第一步先製模，模是用泥仿製成要鑄造的器物，并刻劃上紋飾；第二步製外範，用一定厚度的泥塊附貼在模的表面，用壓力印出模的形狀和紋飾，待泥半干時，選擇適當部位，用刀切成多塊，每塊之間附有三角形榫眼，使合範時各個範塊能扣合緊密，然後修飾內壁花紋，晾干、烘烤，這樣就翻製成外範；第三步是製內範，把泥模刮去外層，其厚度即待鑄的青銅器壁的厚度，也經過晾干、烘烤，就製成內範。通過預製在內、外範上的榫卯或支釘、定位銷，使其在合範時不會發生移動或錯位。在範面上塗一層塗料後，就可合範。最後在外面用泥加固，留出與外範相對應的澆口和排氣、排渣的冒口（冒口僅在鑄造大型銅器時才有），再經過烘烤預熱，就可用坩堝裏的銅液進行澆注，製作銅器。

二里崗商文化的青銅器表面，或多或少都遺留有鑄造的痕跡，再與出土的陶範相對照，可以了解當時鑄造各種青銅器的若干工藝。

大方鼎是用多範、分鑄、嵌鑄、分次澆注的多種方法鑄造的。鼎耳與口沿相接處較光滑，鼎耳和鼎腹是同時鑄造的。從鼎腹四壁紋飾看，凡橫向紋飾的上下界線都是筆直相通的，沒有一點歪曲或錯縫的現象。而在器壁外四角從口沿至底部，均留有明顯的鑄縫，由此可知鼎腹是由四塊完整的外範鑄造的。鑄鼎時，先鑄造留有鼎足位置（四角各一個圓孔）的腹底，然後把倒置的內範四周合上四塊外範，再把鑄好的腹底放在內範之上合鑄而成。四個鼎足是倒置嵌鑄于鼎底上的，爲了加强器底的承受力，與柱足相連接的底部內外都加了一圈厚度。還有的大方鼎鑄造方法稍有不同，鼎腹是由四塊角壁外範和四塊中壁外範，以及一塊腹底外範和腹內範合鑄而成的。在鄭州商城鑄銅作坊遺址內，就曾出土過鑄造乳釘紋大方鼎的外範殘塊。

大圓鼎由于耳和腹有弧度，其鑄造程序較方鼎複雜。鼎耳是分鑄的，鼎腹從外壁鑄縫看，上腹有三塊外範，鑄好的鼎耳也嵌在上腹外範上，下腹也用三塊外範與一塊內範合鑄。三鼎足中一足爲澆口，另兩足爲冒口，是一次倒立澆注製成的。

銅鬲是由三塊外範和一塊內範合鑄而成的，鬲的襠底有範線的遺存。在鄭州商城鑄銅作坊遺址內，出有鬲的外範。鬲口沿垂直向上折，頸稍細，腹圓形內凹，分襠，足作上粗下細凹圓形。鬲腹的右側有一道與鬲腰相垂直的青灰色凹槽，當爲鑄造時注入銅液的澆口，澆口爲外寬內窄的小喇叭形，在連着器面的中間，有一個三角形脊棱，把澆口分成兩個小凹槽，這樣可以使銅液很快流向範腔內。

銅斝是倒鑄而成的。斝的一足尖端即爲澆口位置，因此，足端上留有修補的痕跡。鄭州出土的斝外範殘塊，腹與底邊的界線分明，腹壁爲凹入的圓弧形，它和銅斝底部外沿的弧度相近，足呈三棱空錐形。

銅爵從底部外壁看，合範時的三條範線可證明外範是三塊，三條範線向外的一端對準一足的上端。流口間的矮柱，可能就是澆口的所在。鄭州出土有爵的外範和內範，外範爲粉紅色，鑄面爲深灰色，範塊之間相接的切面平直光滑，範內壁下凹成圓弧形，恰和銅爵外壁的圓弧相吻合。口部外侈并有流和尾，腰部細而內收，刻有一組凹下的獸面紋，腹的外側有半圓形爵鋬，鋬的上下兩端接于外範的口和腰上。內範爲褐紅色，頂部爲近橢圓形的平面，流口部分突起而狹窄，尾部呈尖圓形，側面作漏斗狀。

銅盉器身的外範是三塊，內範一塊，頂部外範是二塊，流和鋬上有縱向的合範線，說明是一次鑄成的。器鋬上部後端往往有一凸起，這是澆口的遺存。

尊、罍、觚、盤等器物的鑄造方法相同，都是倒鑄的，澆口就在圈足的底部。而尊的牛首和罍的羊首等裝飾，則是把牛首紋或羊首紋凹刻在外範上，而在內範相對的位置上，塑出稍小的不刻花紋的一塊凸起，因而合範鑄成後，銅尊或銅罍肩部的牛首或羊首就是凸出的。個別的牛首尊有扉棱，正好位于範線上，這很可能是由銅器表面遺留的合範鑄縫逐漸發展變化而成的。

渦紋中柱盂採用分鑄法，先鑄好中柱，然後放在盂內範中，再與三塊外範鑄成盂體，同時使中柱和盂身嵌鑄在一起。

提梁卣的鑄造頗爲困難，是經過多次鑄造而成的。先用二塊外範鑄好套環鏈，然後把套環鏈的一端在鑄蓋鈕時與之相連，另一端穿以先鑄的半圓形銅環并和後鑄的提梁相鑄接。用四塊卣體外範、一塊卣體內範以及四塊半圓形外範合鑄成帶半圓形環耳的卣體。鑄提梁時，在卣體二環耳內各加一塊小範，提梁澆注後，除去小範，形成間隙，使提梁通過環耳和卣身相連，而又能活動。卣體是倒鑄的，澆口在圈足底部。

綜上所述，二里崗商文化時期，已經建立起極爲可觀的青銅鑄造業，掌握了較複雜的青銅鑄造工藝，能用金屬原料的多種配方冶煉青銅，鑄造出通高一米的大型青銅重器和裝飾精美的中小型銅器，這應是商代早期青銅文化所結出的豐碩之果。

四

就青銅器發展而言，在鄭州二里崗商文化與安陽殷墟文化之間，還有一個過渡期，其青銅器既接近于二里崗商文化，又與成熟的殷墟文化有某些差別。過去，把這些青銅器不是歸爲鄭州二里崗期文化偏晚階段，就是放在殷墟早期。這一段時間大約相當于河亶甲居相、祖乙遷邢、南庚遷奄至盤庚遷殷時期。由于當時政治不够穩定，「自中丁以來，廢適而更立諸弟子，弟子或爭相代立，比九世亂，于是諸侯莫朝」。（《史記·殷本紀》）所以，這一時期青銅器出土地點并不象二里頭文化時期集中在偃師二里頭遺址、二里崗文化時期集中在鄭州商城、商代晚期集中在安陽殷墟等都邑附近，而是分散在許多地方，如河南、陝西、山東、山西、河北、北京、安徽、湖北和江西等地區。其中有河南鄭州、郾城攔河潘、靈寶東橋、安陽殷墟、柘城孟莊、密縣曲梁，陝西西安老牛坡、城固龍頭鎮、洋縣安中村、户縣侯家廟、扶風法門鎮，山西長子北關、忻縣連寺、洪洞雙昌，河北藁城臺西，北京平谷劉家河，安徽阜南常廟月牙河、嘉山泊崗，湖北黄陂盤龍城、隨州西河、枝江，江西新干大洋洲、清江三橋、横塘等處。故宮博物院、上海博物館等也收藏一批屬于這時期的青銅器。也有一些流失到國外。

這一時期青銅器除了生産工具和兵器之外，容器的種類比前期有所增加，主要有鼎、鬲、斝、爵、觚、瓚、尊、盉、壺、卣、罍、瓿、盤、簋、豆、杯等。圓鼎爲斂口，立耳，鼓腹，圜底，下附三錐狀足。與前期相比，一鼎耳不再與一鼎足對立，造成不平衡感，而是三足與雙耳對稱，形成以後所有鼎的固定格式。方鼎已不再是正方的鼎身，而近長方形，平唇立耳，平底附四柱足，平谷劉家河所出即如此，壁飾雲雷紋和聯珠紋。扁足圓鼎在二里崗期比較少見，

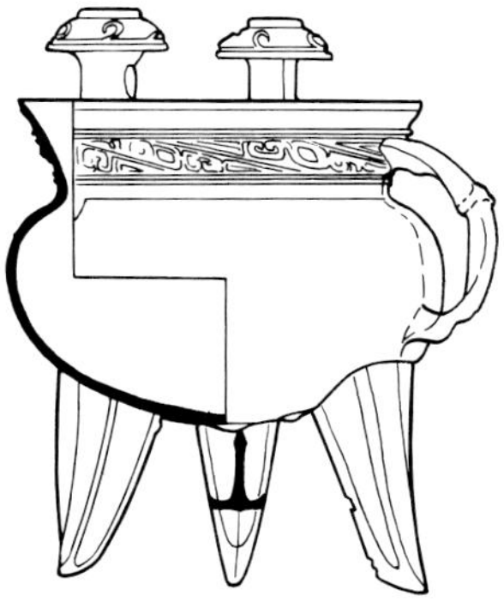

插圖二六　靈寶東橋出土目雷紋斝

此時的數量逐漸增多。爲直口，折唇較厚，唇邊有雙立耳，腹部深如罐形，圜底下置三個獸形扁足，獸張口托住鼎腹，着地處爲獸的尾部，口沿下飾獸面紋，安陽小屯與盤龍城李家嘴所出即是。上海博物館所收藏的扁足鼎也與此相似。鄭城攔河潘所出的淺腹扁足鼎紋飾較爲複雜，也屬于同一時期。鬲的三足也已與雙耳對稱，器壁明顯增厚，錐足的足根已較二里崗文化平整一些，有向柱足發展的趨勢。城固龍頭鎮出土的一件四足鬲，較爲少見。斝爲敞口，菌狀立柱較高，頸腹有明顯折棱分界，腹微鼓，圜底，下附三個丁字形足。靈寶東橋所出銅斝，圓鼓腹，頸飾目雷紋，圜底下亦有三個丁字形足（插圖二六）。爵的雙柱已增高，柱頂由釘帽狀變爲菌狀，個別的還高如傘狀。安徽阜陽、阜南、嘉山出土有很高的獨柱爵。爵身逐漸增高，且由平底漸變爲圜底。觚較細高，圈足有十字鏤孔，切地處有折棱，如藁城臺西出土的獸面紋觚即如此。瓚是新出現的器類，器身爲觚，只是一側加了個匕形大柄，出土于新干大洋洲。上海博物館所藏斜角雲紋帶鋬觚也與此相類。尊的器壁加厚，造型雄偉，靈寶東橋所出牛首紋、獸面紋尊，阜南常廟月牙河出土的龍虎紋尊和獸面紋尊是這一時期的上品。瓿的紋飾繁縟，斂口，短頸或無頸，廣肩，寬腹，圈足，是這一時期新出現的器物。靈寶東橋、黃陂盤龍城等地均有出土，有不少可以歸到商代晚期。罍，形制近似細高的瓿，有人亦稱之爲尊。長頸，廣肩，深腹，肩腹間有折棱，高圈足，通體裝飾花紋。城固龍頭鎮、湖北枝江、黃陂盤龍城、鄭城攔河潘、藁城臺西、長子北關等地均有出土。盤數量也有所增加，敞口，平沿，腹內收，圈足。黃陂盤龍城、平谷劉家河、城固龍頭鎮均有發現。簋，爲這時期新出現的器類。一種口微斂，窄沿外折，深腹稍鼓，底近平，下承矮圈足。另一種形制與此相似，唯兩側有對稱的獸首形雙耳。這在黃陂盤龍城均有出土。城固龍頭鎮亦出有雙耳深腹圈足簋，飾乳釘紋和雷紋。盉的造型與二里崗商文化銅盉頗不相同，通體像壺，上有提梁和蓋，腹上伸出一長流，下附三足。平谷劉家河遺址和新干大洋洲均有出土。提梁卣，外形亦像壺，上有提梁、蓋，下有圈足。城固龍頭鎮出有獸面紋三足壺，與上述盉、卣相類。豆，數量極少，只在新干大洋洲出土過假腹銅豆。杯，也是新出現的器物，在扶風法門鎮出土一件高足杯，形體上口大而底收束，器壁斜直，下承一上小下大的高圈足，其上有十字鏤孔。

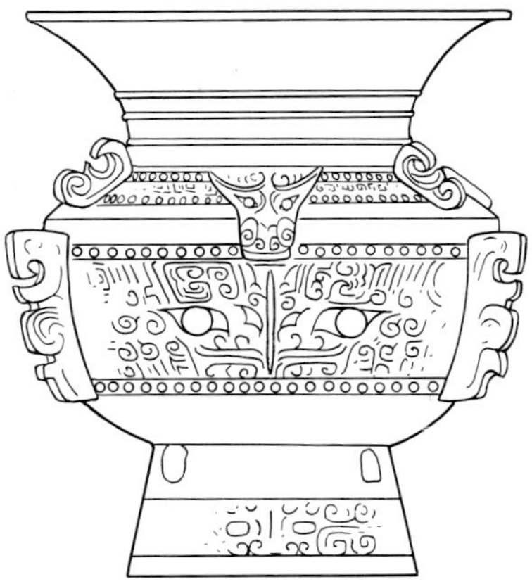

插圖二七　鄭州人民公園出土獸面紋牛首尊

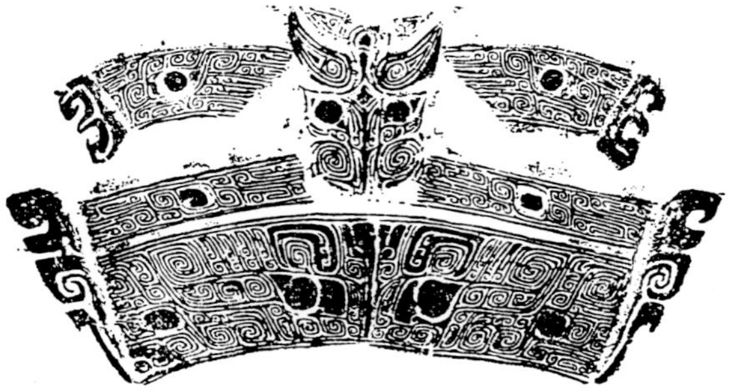

插圖二八　靈寶東橋出土獸面紋牛首尊紋飾

這一時期青銅器造型有了相當的發展，裝飾藝術也有一定的進步。青銅器的紋飾不少由條帶分布變爲通體裝飾，在瓿、罍、鬲、杯和其他一些容器上表現十分明顯，頸部、腹部甚至圈足上都有花紋，顯得繁縟、密集，成爲當時的藝術特點之一。青銅器紋飾由平面線刻逐漸採用較多的高浮雕裝飾，安徽阜南的龍虎紋尊和獸面紋尊、陝西城固出土的獸面紋罍、河南安陽出土的獸面紋瓿均很典型。而鄭州人民公園和靈寶東橋出土的獸面紋尊，牛首紋、獸面紋和扉棱更加突出，立體感更强，近似于商代晚期「三層花」的裝飾，產生了很强的藝術效果，成爲當時青銅裝飾藝術又一個突出的特點（插圖二七、二八）。

如若再作更深層次的分析，就可以看出作爲中國古代青銅器裝飾的主題獸面紋，在這時期已產生了較大變化。有了進一步的發展，已較二里崗文化更爲複雜。用粗獷誇張或密集較細的勾曲回旋的線條，繪出鼻、目、角、口等，組成一種正視的獸面，獸面兩邊，還有展開的體軀，最外端則爲卷曲的尾部，左右對稱，上下協調，顯得莊嚴而又威武，凶惡而又神秘，寫實而又抽象，似詩如畫，給人一種說不清、道不明而又回味無窮的美感。

這一時期的獸面紋，突出了雙目，有的比例很大，相當有神。在雙目的上端有各種各樣的角，又構成不同獸面紋的造型。陝西城固龍頭鎮出土的銅鬲，獸面紋雙目上端有丁字形角，別具一格；湖北盤龍城出土的提梁卣，獸面紋雙目上端有外卷角，角很粗大，向外卷曲；靈寶東橋出土的銅瓿，獸面紋雙目巨大，目上端爲曲折角，其形狀是角根在下，向上折曲而下，再向外彎曲而翹，彎曲之處皆作方折形。獸面紋的鼻梁較短，下爲張開的大口，并露出尖齒。除雙目外，所有粗線條內皆飾雷紋，相當複雜（插圖二九）。這種用衆多雷紋作爲粗線條中的增飾，開了安陽殷墟青銅器以雷紋作爲底紋組成獸面紋的先河。也有一種無角形獸面紋，如陝西城固龍頭鎮出土的卣和壺即如此，所有粗線條上皆增飾雷紋，末端呈刀形。

當時的青銅器上，又裝飾着一種被稱爲配置式的獸面紋。即獸面紋是主題，放置在中央，在其兩側配置一些變形的小動物，似獸、似鳥。主題紋飾作正面形象，配置的小動物作側面形象。這種主次相配的獸面紋，是由商代早期單體獸面紋發展來的。例如湖北黃陂盤龍城出土的瓿，其裝飾獸面紋的主體條紋上，增飾許多勾曲形線條，這些複雜的條紋使圖案顯得更富美

插圖二九　靈寶東橋出土獸面紋瓿紋飾

插圖三〇　黃陂盤龍城出土獸面紋簋紋飾

感。雙目很突出，并有對稱展開向上彎曲的體軀，其餘部分已經省略，并因勢在這組獸面紋的兩側配置一獸形，獸頭向上有長吻，體軀很短。又如安徽肥西出土的斝、湖北黃陂盤龍城出土的簋（插圖三〇）、上海博物館所藏的尊和斝，它們所飾的獸面紋，全部以繁縟而均勻的勾曲形線條組成，雙目也較突出，鼻梁較短，張目露出尖狀齒。體軀向上彎曲，在彎曲的體軀下，即獸面紋的左右下角，配置極簡單的鳥紋，只能看到一目與鈎喙。再如北京平谷劉家河出土的斝和瓿、陝西岐山京當出土的斝、安徽嘉山泊崗出土的瓿、江西清江橫塘出土的鼎、上海博物館所藏的斝，其用細線條組成的獸面紋很抽象，除雙目之外，僅隱約可見其上卷的體軀。配置的小動物有的在獸面兩側，也有在體軀下面，僅占左右下角。其表現形象則更爲抽象，可以見到的僅有一目。

當時還有一種更爲獨特的浮雕獸面紋。多飾在瓿的腹部。如湖北黃陂盤龍城所出土的瓿均如此。獸面紋除突出雙目外，在額頂有一對向外卷曲的角，比較粗大，占了整個獸面紋的一半左右。這種獸面紋線條的輪廓有渾圓感，從器壁裏面完全可以看到獸面紋的粗線條是凹陷的，因此從正面看，渾圓的線條就突出器壁，這是最早的浮雕技術在青銅器紋飾上的表現。其體軀和配置的小獸，也屬于浮雕裝飾。

總之，從上述這一大批青銅器的器形和紋飾來看，它們既接近于二里崗期而又有些不同，與安陽殷墟前期青銅器有某些相似而又有明顯差別。其造型種類較多，製作頗爲精良，裝飾藝術又別具一格。向前上溯是二里崗期青銅器的發展；向後延伸，又開安陽殷墟商代晚期青銅器的先河。在我國商代青銅工藝史上，承上啟下，填補缺環，占有重要的地位。

還要指出的是，這一時期青銅器的分布範圍甚廣，周邊地區已是方國部落或其他氏族聚居地區。因此，諸如平谷劉家河、城固龍頭鎮、新干大洋洲等出土的成批整組的青銅器，有一些造型和結構與中原地區一模一樣，可能就是由中原地區傳來的；有一些青銅器的造型和結構與中原地區很接近，但又具有一些地方特徵，還有少量的青銅器與中原地區不同，完全是地方土著的特點。這一方面反映了中原地區與周邊地區相互交流與融合，另一方面也使這些青銅器造型、結構和紋飾各具特色，五彩紛呈。這一時期的青銅器，從鑄造到藝術裝飾，爲商代晚期達到青銅器發展的高峰奠定了牢固的基礎。

青銅器是古代文化的重要組成部分。許多青銅器既是生產工具、兵器和禮器，又是精美的藝術品。大量的考古資料證明，夏商青銅器繼承了龍山文化陶器的造型和藝術特點，經過長期的發展變化，又形成了獨特的藝術體系。夏商青銅器的產生和發展，體現了我國古代鑄銅技術的高度成就，也反映了當時社會經濟的進步。夏商青銅器作爲中國藝術傳統的精華而不朽，數千載之下，仍使人驚嘆和傾倒。

參考資料

昌濰地區藝術館等：《山東膠縣三里河遺址發掘簡報》，《考古》一九七七年四期。

山東省文物考古研究所等：《山東栖霞楊家圈遺址發掘簡報》，《史前研究》一九八四年三期。

嚴文明：《論中國的銅石并用時代》，《史前研究》一九八四年一期。

李京華：《關于中原地區早期冶銅技術及相關問題的幾點看法》，《文物》一九八五年十二期。

中國社會科學院考古研究所河南二隊：《河南臨汝煤山遺址發掘報告》，《考古學報》一九八二年四期。

河南省文物研究所：《登封王城崗城址的發掘》，《文物》一九八三年三期。

河南省文物研究所：《河南淮陽平糧臺龍山文化城址試掘簡報》，《文物》一九八三年三期。

中國社會科學院考古研究所山西工作隊：《山西襄汾陶寺遺址首次發現銅器》，《考古》一九八四年四期。

中國科學院考古研究所洛陽隊：《河南偃師二里頭遺址發掘簡報》，《考古》一九六五年五期。

中國科學院考古研究所二里頭隊：《河南偃師二里頭遺址三、八區發掘簡報》，《考古》一九七五年三期。

中國科學院考古研究所二里頭隊：《偃師二里頭遺址發現新的銅器和玉器》，《考古》一九七六年四期。

偃師縣文化館：《二里頭出土的銅器和玉器》，《考古》一九七八年四期。

中國社會科學院考古研究所二里頭隊：《一九七八年秋河南偃師二里頭遺址發現的幾座墓葬》，《考古》一九八六年四期。

中國社會科學院考古研究所二里頭隊：《河南偃師二里頭遺址新發現的銅器》，《考古》一九九一年十二期。

新鄭縣文化館：《河南新鄭望京樓出土的銅器和玉器》，《考古》一九八一年六期。

天津市文化局文物組：《天津市新收集的商周青銅器》，《文物》一九六四年九期。

河南省文物研究所：《鄭州商代二里崗期鑄銅基址》，《考古學集刊》（六）一九八九年。

河南省博物館等：《鄭州商代城遺址發掘報告》，《文物資料叢刊》（一），文物出版社，一九七七年。
河南省文化局文物工作隊第一隊：《鄭州市白家莊商代墓葬發掘簡報》，《文物參考資料》一九五五年十期。
鄭州市博物館：《鄭州市銘功路西側的兩座商代墓》，《考古》一九六五年十期。
河南省博物館：《鄭州新出土的商代前期大銅鼎》，《文物》一九七五年六期。
楊育彬、趙靈芝等：《近幾年來在鄭州新發現的商代青銅器》，《中原文物》一九八一年二期。
河南省文物研究所：《鄭州北二七路新發現三座商墓》，《文物》一九八三年三期。
河南省文物研究所等：《鄭州新發現商代窖藏青銅器》，《文物》一九八三年三期。
趙新來：《中牟黃店、大莊發現商代銅器》，《文物》一九八〇年十二期。
武陟縣文化館：《武陟早期商墓清理簡報》，《河南文博通訊》一九八〇年三期。
孟新安：《郾城縣出土一批商代青銅器》，《考古》一九八七年八期。
河南省博物館等：《河南靈寶出土一批商代青銅器》，《考古》一九七九年一期。
宋國定、曾曉敏：《鄭州發現商代前期宮殿遺址》，《中國文物報》一九九〇年十一月二十二日。
北京市文物管理處：《北京市平谷縣劉家河發現商代墓葬》，《文物》一九七七年十一期。
湖北省博物館：《盤龍城商代二里崗期的青銅器》，《文物》一九七六年二期。
王壽芝：《陝西城固出土的商代青銅器》，《文博》一九八八年六期。
《山西平陸發現商代前期遺址》，《中國文物報》一九九二年二月二十九日。
江西省文物考古研究所等：《江西新干大洋洲商墓發掘簡報》，《文物》一九九一年十期。
葛介屏：《安徽阜南發現殷商時代青銅器》，《文物》一九五九年一期。
葛治功：《安徽嘉山縣泊崗引河出土的四件商代銅器》，《文物》一九六五年七期。
唐蘭：《從河南鄭州出土的商代前期青銅器談起》，《文物》一九七三年七期。
楊育彬：《鄭州二里崗期商代青銅容器的分期與鑄造》，《中原文物》特刊一九八一年。
裴明相：《鄭州商代二里崗期青銅容器概述》，《中國考古學會第四次年會論文集》，文物出版社，一九八三年
楊育彬：《從鄭州新發現的商代窖藏青銅器談起》，《中原文物》一九八三年三期。
安金槐：《對鄭州商代二里崗期青銅容器分期問題的初步探討》，《中原文物》一九九二年三期。
陳佩芬：《商代殷墟早期以前青銅器的研究》，《上海博物館集刊》（6），上海古籍出版社，一九九二年。
楊育彬、孫廣清：《商代青銅器的發現與研究》，《南方文物》一九九四年一期。
馬承源：《中國青銅器概論——〈中國文物精華大全·青銅卷〉序》，《中國文物報》一九九四年七月三十一日。
《河南省出土商周青銅器》編輯組：《河南出土商周青銅器》（一），文物出版社，一九八一年。
陝西省考古研究所等：《陝西出土商周青銅器》（一），文物出版社，一九七九年。
中國美術全集編輯委員會：《中國美術全集·青銅器（上）》，文物出版社，一九八五年。
中國科學院考古研究所：《輝縣發掘報告》，科學出版社，一九五六年。
北京大學歷史系考古教研室商周組：《商周考古》，文物出版社，一九七九年。

圖版

一　網格紋鼎　夏晚期

二　爵　夏晚期

三　爵　夏晚期

四　爵　夏晚期

五　爵　夏晚期

六　爵　夏晚期

七　乳釘紋爵　夏晚期

八　爵　夏晚期

九　爵　夏晚期

一〇　爵　夏晚期

一一　角　夏晚期

一二　乳釘紋角　夏晚期

一三　斝　夏晚期

一四　斝　夏晚期

一五　乳釘紋斝　夏晚期

一六　乳釘紋斝　夏晚期

一七　乳釘紋斝　夏晚期

一八　聯珠紋斝　夏晚期

一九　盉　夏晚期

二〇　綠松石鑲嵌獸面紋牌飾　夏晚期

二一　綠松石鑲嵌獸面紋牌飾　夏晚期

二二　綠松石鑲嵌獸面紋牌飾　夏晚期

二三　鈴　夏晚期

二四　鈴　夏晚期

二五　弦紋鼎　商早期

二六　雲紋鼎　商早期

二七　獸面紋鼎　商早期

二八　夔紋鼎　商早期

二九、三〇　獸面紋鼎　商早期

三一　獸面紋鼎　商早期

三二　獸面紋鼎　商早期

三三　獸面紋鼎　商早期

三四　獸面紋方鼎　商早期

三六　獸面紋方鼎　商早期

三五　獸面紋方鼎　商早期

三八　獸面紋扁足鼎　商早期

三七　獸面紋方鼎　商早期

三九　獸面紋扁足鼎　商早期

四〇　雲雷紋扁足鼎　商早期

四一　獸面紋鼎　商中期

四二　獸面紋鼎　商中期

四四　波狀紋鼎　商中期

四三　獸面紋鼎　商中期

四五　雷紋方鼎　商中期

四六　卧虎獸面紋方鼎　商中期

四七　獸面紋扁足鼎　商中期

四八　×紋鬲　商早期

四九　人字紋鬲　商早期

五〇　人字紋鬲　商早期

五一　亘鬲　商早期

五二　獸面紋鬲　商早期

五三　雷紋鬲　商早期

五四　弦紋鬲　商早期

五五　雲雷紋鬲　商中期

五六　夔紋鬲　商中期

五八　獸面紋鬲　商中期

五七　獸面紋鬲　商中期

六〇　獸面紋四足鬲　商中期

五九　獸面紋鬲　商中期

六一　獸面紋爵　商早期

六二　獸面紋爵　商早期

六三　獸面紋爵　商早期

六四　獸面紋爵　商早期

六五、六六　獸面紋爵　商早期

六七　獸面紋爵　商早期

六八　獸面紋獨柱爵　商早期

六九　獸面紋爵　商早期

七〇　獸面紋獨柱爵　商中期

七一　夔紋爵　商中期

七二　獸面紋獨柱爵　商中期

七三　獸面紋獨柱爵　商中期

七四　獸面紋獨柱爵　商中期

七五、七六　獸面紋爵　商中期

七七　獸面紋爵　商中期

七八　獸面紋爵　商中期

八〇　弦紋斝　商早期

七九　獸面紋獨柱爵　商中期

八一　雲雷紋斝　商早期

八二　獸面紋斝　商早期

八三　獸面紋斝　商早期

八四　獸面紋斝　商早期

八五、八六　獸面紋斝　商早期

八七　夔紋斝　商早期

八八　獸面紋斝　商早期

九〇　三角雷紋斝　商早期

八九　獸面紋斝　商早期

九一、九二　獸面紋斝　商中期

九三　獸面紋斝　商中期

九四　獸面紋斝　商中期

九五　獸面紋斝　商中期

九六　獸面紋斝　商中期

九七、九八　獸面紋斝　商中期

九九　目雷紋斝　商中期

一〇〇　弦紋盉　商早期

一〇一　弦紋盉　商早期

一〇二　獸面紋盉　商早期

一〇三　獸面紋盉　商早期

一〇四　獸面紋盉　商早期

一〇五　獸面紋尊　商早期

一〇六　獸面紋牛首尊　商早期

一〇七　獸面紋牛首尊　商早期

一〇八　獸面紋尊　商中期

一〇九、一一〇　獸面紋羊首尊　商中期

一一一　獸面紋羊首尊　商中期

一一二　獸面紋牛首尊　商中期

一一三　獸面紋牛首尊　商中期

一一四　獸面紋牛首尊　商中期

一一五、一一六　獸面紋尊　商中期

一一七—一一九　龍虎紋尊　商中期

一二〇　獸面紋三鳥尊　商中期

一二一　獸面紋罍　商早期

一二二　獸面紋罍　商中期

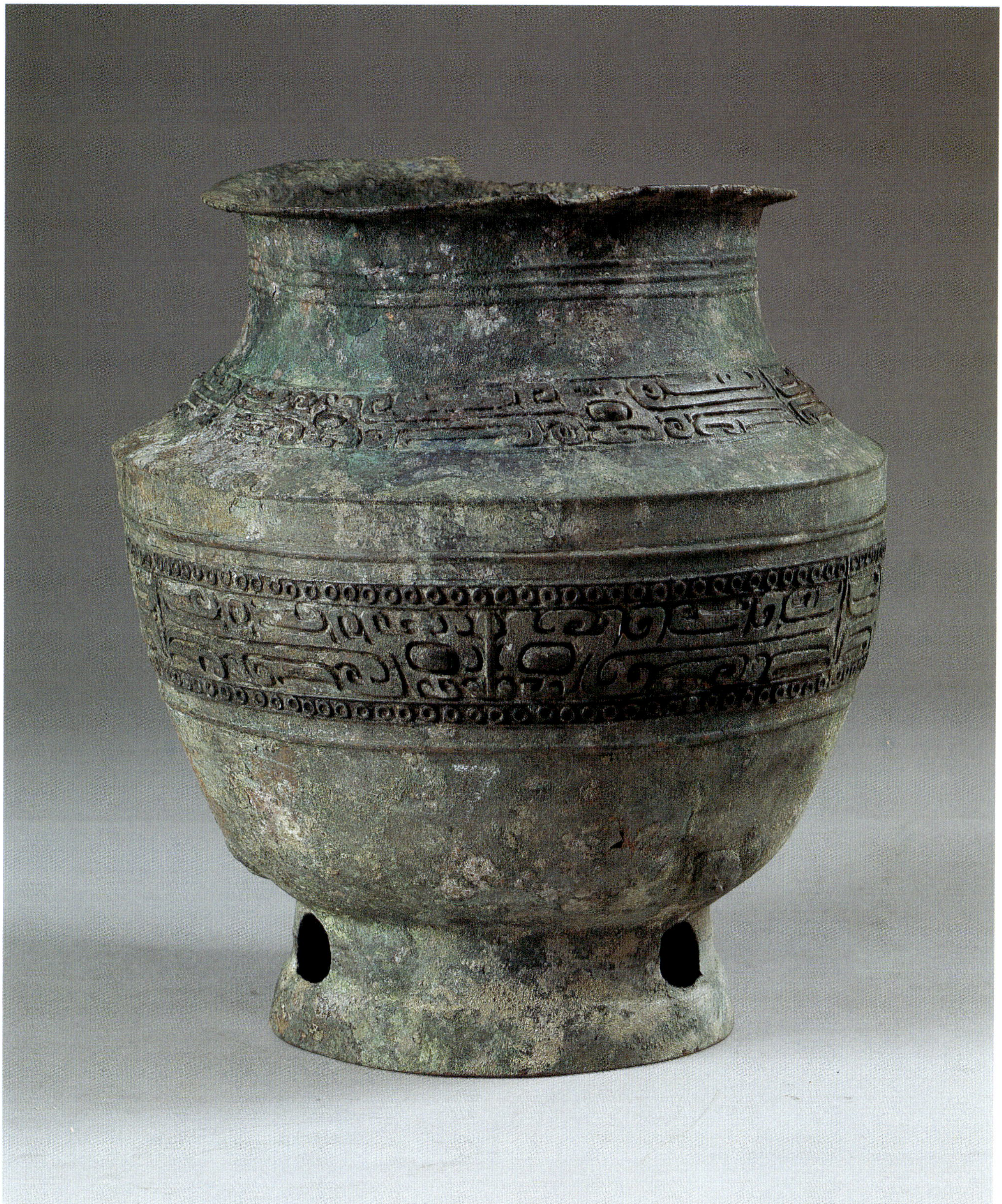

一二四　獸面紋罍　商中期

一二三　獸面紋罍　商中期

一二五　獸面紋罍　商中期

一二六　獸面紋罍　商中期

一二七　獸面紋罍　商中期

一二八　獸面紋罍　商中期

一二九、一三〇　獸面紋罍　商中期

一三一、一三二　獸面紋罍　商中期

一三四　聯珠紋罍　商中期

一三三　獸面紋罍　商中期

一三五　獸面紋瓿　商中期

一三六　獸面紋壺　商中期
135

一三七　獸面紋壺　商中期

一三八　獸面紋壺　商中期

一三九　獸面紋壺　商中期

一四〇　獸面紋壺　商中期

一四一、一四二　乂壶　商中期

一四三、一四四　獸面紋三足壺　商中期

一四五　獸面紋觚　商早期

一四六　獸面紋觚　商早期

一四七　獸面紋觚　商早期

一四八　獸面紋觚　商早期

一四九　獸面紋觚　商早期

一五〇　獸面紋觚　商早期

一五一　獸面紋觚　商早期

一五二　獸面紋觚　商早期

一五三　弦紋觚　商中期

一五四　獸面紋觚　商中期

一五五　鏤孔雷紋觚　商中期

一五六　夔紋觚　商中期

一五七　獸面紋觚　商中期

一五八　獸面紋觚　商中期

一五九　獸面紋觚　商中期

一六〇　獸面紋觚　商中期

一六一　獸面紋觚　商中期

一六二　斜角雷紋觚　商中期

一六三　獸面紋簋　商早期

一六四　獸面紋簋　商中期

一六五　乳釘雷紋簋　商中期

一六六　夔紋盤　商中期

一六七　獸面紋盤　商中期

一六八　一六九　獸面紋高足杯　商中期

一七〇　夔紋鉞　商中期

圖版説明

一 網格紋鼎

夏晚期
高二〇、口徑一五·三厘米
一九八七年河南偃師二里頭出土
中國社會科學院考古研究所藏

斂口，折沿，薄唇內附一加厚的邊。口沿上立二環耳，一耳與一足呈垂直線。空心四棱錐狀足。腹飾帶狀網格紋一周。器壁甚薄。壁內一側近底處有鑄殘後修補痕。

此鼎爲目前所見唯一的一件二里頭文化銅鼎，也是迄今爲止發現的中國青銅器中時代最早的一件銅鼎。

（鄭 光）

二 爵

夏晚期
高一三·三、流尾長一四·二厘米
一九七五年河南偃師二里頭出土
中國社會科學院考古研究所藏

流尾較長，窄流略上翹，束腰平底，橫截面及底呈桃核形，三足較細且向外撇。鋬上有三個長條形鏤孔，素面，壁薄體輕。

（鄭 光） 本圖攝影：姜言忠

三 爵

夏晚期
高一二、流尾長一三·五厘米
一九七三年河南偃師二里頭出土
中國社會科學院考古研究所洛陽工作站藏

狹流，尖尾，無柱，口沿有一條加厚的唇邊。束腰平底，三足較短。素體無紋飾。

四　爵

夏晚期

高一三·三、流尾長一四·七厘米

一九七五年河南偃師二里頭出土

中國社會科學院考古研究所藏

流尾較長，流略上翹，束腰平底，橫截面及底呈桃核形，鋬上有二個近三角形的鏤孔，三棱錐足較細且向外彎曲。素面，形體較輕薄。

（鄭　光）本圖攝影：姜言忠

五　爵

夏晚期

通高一六·四、流尾長二〇·五厘米

一九八四年河南偃師二里頭出土

中國社會科學院考古研究所藏

流長而窄，較平，前端更爲尖窄。尾較長而上翹。流與口間立二個三角釘帽狀短柱。束腰平底，腰下較圓鼓。鋬上部有個三角形鏤孔。三棱錐足較高。素面。

（鄭　光）本圖攝影：姜言忠

六　爵

夏晚期

高二〇·七、流尾長二六·二厘米

一九八四年河南偃師二里頭出土

中國社會科學院考古研究所藏

流尾相當長而較平、較深。流與口相接處立二短柱。柱頂略呈三角形，其側邊外弧。腹較深，束腰平底，腰下方而矮。三棱錐足較高。素面。

（鄭　光）本圖攝影：姜言忠

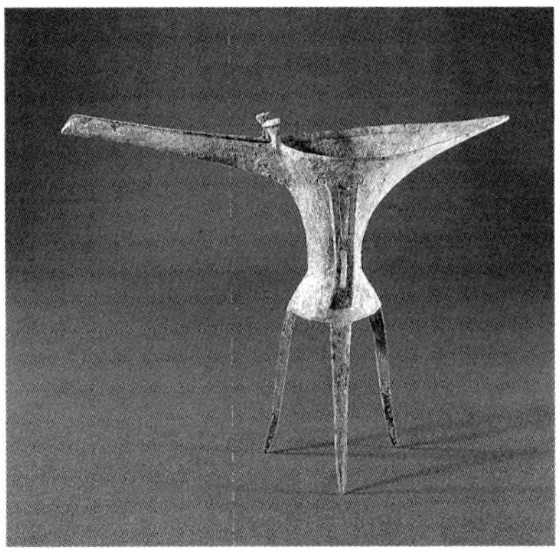

七 乳釘紋爵

夏晚期
高二二·五、流尾長三一·五厘米
一九七五年河南偃師二里頭出土
河南省偃師商城博物館藏

橢圓形口，窄長流，尖長尾，流口處有一對釘帽形矮柱。束腰，平底，下附三個細長的三棱錐狀足，足向外撇。器身一側有鋬，鋬有長條形鏤孔。腹部一側有兩道凸線，中間排列有五個乳釘裝飾。

二里頭文化的爵至少已發現十餘件，此器流、尾和足都特別尖長，是同類器中形制最大的一件。且造型勻稱，沒有不平衡感。（鄭　光）

八 爵

夏晚期
高一五·四、流尾長一八·九厘米
一九七四年河南新鄭望京樓出土
河南省新鄭縣文物保管所藏

窄長流，尖尾，口內沿有棱邊。流口間立二矮柱，柱頂似半月釘帽形。束腰，下腹稍鼓。平底，三棱錐足。素面。（孫廣清）

九 爵

夏晚期
高一九·七、流尾長一七厘米
一九六四年河南商丘地區出土
天津市歷史博物館藏

長窄流，尖尾，流口間無柱，束腰，平底。器身上腹較長，下腹外鼓呈覆盂形。器側有大鋬，且有長條形鏤孔。下腹有等距對稱的四個鏤孔。底下有三個錐狀尖足，略向外侈。

從形制特點看，此爵當屬二里頭文化類型。據文獻記載，商丘一帶爲湯都南亳之地，若爵出土地無誤，則意義非常。爵下腹呈覆盂形，便于加溫時吸收熱量，設計獨具匠心。（孫廣清）　本圖攝影：孫克讓

一〇　爵

夏晚期
高一一・七、流尾長一四・一厘米
上海博物館藏

薄壁，狹流，短尾，扁體。束腰較高，一側設一大鋬。平底，下有三條三棱形細錐足，三足較短，外撇，整個造型似乎給人以一種不穩定感。　（周　亞）

一一　角

夏晚期
高二一、口長一一・五厘米
一九八〇年河南洛寧出土
陝西歷史博物館藏

敞口呈凹弧形，兩端尖銳，器身扁圓，腹中部置一個管形長流，外伸超出器的口部，其長度與凹弧形口相等，流根寬大，向上逐步收縮，到流口爲一小圓管。腹側有一大鋬。平底，三個三棱形錐足置于器底旁的腹外壁，且上端高于器底，使之距離拉大，可使器物放置穩定。

此類角，亦有人稱之爲管流爵，但仍定名爲角更恰當。目前僅發現兩件，是二里頭文化青銅容器的品種之一。　（譚前學）

一二　乳釘紋角

夏晚期
殘高二〇・六、口長一六・三厘米
上海博物館藏

敞口作凹弧形，兩端尖銳上翹，前短後長，口沿有加厚的唇邊。器身狹長而扁，下接外鼓的假腹，上有圓孔數個。三足殘缺，但從斷面可以看出原應是三棱形足。腹下部設一斜置的管形流，流上有兩個曲尺形飾。腹飾兩行平行的乳釘紋，上下以弦紋爲欄。類似的陶角，在河南偃師二里頭曾有出土。　（周　亞）

一三　斝

夏晚期
高二六・八、口徑一四・六—一四・八厘米
一九七八年河南偃師二里頭出土
河南省偃師商城博物館藏

敞口，薄唇內附一加厚邊，沿上立二釘帽狀矮柱，長頸束腰，腰下圓鼓，圜底，扁圓狀空錐足。側附一鋬，其上部較平而寬，下與一足相連。素面。器壁較薄，製作較粗糙。

（鄭　光）

一四　斝

夏晚期
高三〇・五、口徑一六—一八厘米
一九八四年河南偃師二里頭出土
中國社會科學院考古研究所藏

敞口，口內附一寬邊，口部立兩三棱錐短柱。其上部尖突，下部亦如三棱錐附于口及壁。束腰，腰以下方而斜直，平底。器側有鋬。三足上部內空，外微顯四棱，下部呈三棱形。腰下部斜面上有不太突出的圓餅飾三個。此器較厚重精緻，鋬內尚留範土。

（鄭　光）本圖攝影：姜言忠

一五　乳釘紋斝

夏晚期
高二四・五、口徑一五・五厘米
一九五五年河南鄭州白家莊出土
中國歷史博物館藏

敞口，平頂圓帽狀矮柱，長頸內收，鼓腹，圜底，三袋足。頸下飾乳釘紋和弦紋，腹飾五個圓形鼓面紋。其形制與二里頭遺址所出銅斝相近，時代應較早。

（孫廣清）

一六　乳釘紋斝

夏晚期

高四五、口徑二六厘米

一九五二年收購于河南開封

河南省博物館藏

敞口，口部邊沿加厚，沿上立一對釘帽狀柱。束腰，鼓腹，圜底，下附三個袋狀空足。器側有鋬，鋬上有三個豎條形鏤孔。腰飾乳釘紋和弦紋，腹飾五個圓形鼓面紋。造型古樸，與二里頭文化銅斝相同。

（王　瑋）

一七　乳釘紋斝

夏晚期

高二三·五、口徑一五·五厘米

上海博物館藏

敞口，口沿有一周加厚的唇邊，口上立一對三棱形釘狀柱。高頸，鼓腹，頸腹間有一大鋬，腹下接三空錐足。頸飾弦紋和排列不甚規則的乳釘紋。

（周　亞）

一八　聯珠紋斝

夏晚期

高二七·二、口徑一七厘米

上海博物館藏

敞口，高頸，鼓腹，下承三空錐足。器口設一對釘狀矮柱，口沿有一周加厚的唇邊。頸部飾乳釘紋，上下以弦紋爲欄。

（周　亞）

一九　盉

夏晚期

高二四·五厘米

一九八七年河南偃師二里頭出土
中國社會科學院考古研究所藏

頭部上大下小，頂有一桃形大口，口前立一筒形短流。四棱錐狀袋足，較瘦矮。器側有鋬，其上有長條鏤孔二個。素面。

該器與二里頭文化陶盉相似，是迄今所見中國青銅器中最早的一件銅盉。其器壁較薄，鑄造雖不甚精但程序複雜。

（鄭　光）　本圖攝影：姜言忠

二〇　綠松石鑲嵌獸面紋牌飾

夏晚期
長一四·二、寬九·八厘米
一九八一年河南偃師二里頭出土
中國社會科學院考古研究所藏

上寬下窄，圓角束腰，弧面，整體呈盾牌狀。兩側有圓鼻各二。表面用許多形狀大小不同的綠松石片鑲嵌成獸面紋。選料及製作很精，圖像甚美。其技術高超，立體感强，保存也非常好。此物在墓內放置在墓主人的胸部偏左。

此類牌飾已發現三件，均爲上品，其紋飾是已知青銅器上最早的獸面紋。

（鄭　光）　本圖攝影：姜言忠

二一　綠松石鑲嵌獸面紋牌飾

夏晚期
長一六·五、寬八—一一厘米
一九八四年河南偃師二里頭出土
中國社會科學院考古研究所藏

上寬下窄，圓角束腰，弧面，整體呈盾牌狀。兩側各有圓鼻一對。正面用綠松石片鑲嵌出動物紋飾。其形象似獸面，其頭圓吻尖長似是蛇頭形。也是不可多得的佳品。在墓中放在墓主人的胸前。

（鄭　光）　本圖攝影：姜言忠

二二　綠松石鑲嵌獸面紋牌飾

夏晚期
長一五・九、寬七・五—八・九厘米
一九八七年河南偃師二里頭出土
中國社會科學院考古研究所藏

呈上寬下窄圓角長方盾牌形，弧面，兩側各有圓鼻一對。作工奇特。牌飾不是滿托，而是如剪紙那樣，鏤空成獸面紋的基本圖案的框架，綠松石即鑲嵌于框架之空隙中。圖案爲虎頭紋，圓眼，直鼻，有鬚，形象生動。此物出土于墓中部東側，約當墓主人腰側。

（鄭　光）　本圖攝影：姜言忠

二三　鈴

夏晚期
通高七・七、口徑七—八・八厘米
一九八四年河南偃師二里頭出土
中國社會科學院考古研究所藏

平頂，敞口朝下，側視呈梯形。頂呈桃核狀，有兩橢圓孔，兩孔間有一橋形鈕，一側有一扉棱。外面附着數層紡織物痕。與之配套的有一管狀玉鈴舌。

（鄭　光）　本圖攝影：姜言忠

二四　鈴

夏晚期
高九・四厘米
一九六二年河南偃師二里頭出土
中國社會科學院考古研究所藏

頂部近平，中有一圓孔，孔上有一拱形繫，側有一扉。通體素面。

（孫廣清）

二五　弦紋鼎

商早期

高一六·一、口徑一三·五厘米

一九五八年河南鄭州出土

河南省鄭州市博物館藏

斂口，折沿，沿上立一對拱形耳。鼓腹，圜底，空錐足。上腹飾弦紋。從範縫看，此鼎是用三塊外範和一塊內範鑄成的。（孫廣清）

二六 雲紋鼎

商早期

高一九、口徑一六·九厘米

上海博物館藏

斂口，小立耳，平折口沿上有一周加厚的唇邊，深腹略鼓，圜底，下有三個和器底相通的空錐足，足端尖銳。腹飾粗疏的斜角雲紋一周。（周　亞）

二七 獸面紋鼎

商早期

高一八·四、口徑一四·九厘米

一九五二年河南輝縣出土

河南省新鄉市博物館藏

口微斂，折沿，方唇，立耳，深腹，底部稍鼓，三個圓錐空足。腹部飾獸面紋，上下界以聯珠紋。（孫廣清）

二八 夔紋鼎

商早期

高一九、口徑一五厘米

一九六二年陝西銅川三里洞出土

陝西省博物館藏

直口，折沿，方唇。沿部有承蓋的子母口，沿邊立二個環耳。深腹，底近圜，下附三個中空錐足。頸下飾單線夔紋，上下界以聯珠紋。該鼎一耳與一足呈垂直線，給人以不平衡感。（孫廣清）

二九、三〇　獸面紋鼎

商早期
高二三・七、口徑一七・二厘米
一九八二年河南鄭州北二七路出土
河南省文物考古研究所藏

口微斂，平沿外折，方唇，沿上立一對半圓形豎耳，深腹微鼓，圜底，下附三個圓錐狀中空尖足。上腹飾獸面紋，上下界以聯珠紋。（楊育彬）

三一　獸面紋鼎

商早期
高二一、口徑一六・八厘米
上海博物館藏

立耳，折沿，腹部較深，腹下有三個圓錐足，足中空與腹相通。腹部飾獸面紋一周，上下有聯珠紋爲欄。

三二　獸面紋鼎

商早期
高五五、口徑三五厘米
一九七四年湖北黃陂盤龍城出土
湖北省博物館藏

口微斂，折沿，立二拱形耳，耳內側爲素面，外側有凹槽。深腹，圜底，下附三個中空圓錐足。頸部飾單線獸面紋。該鼎形制較大，爲商代二里崗期的青銅重器。（孫廣清）　本圖攝影：潘炳元

三三　獸面紋鼎

商早期
高七三、口徑四七・五厘米
一九八九年山西平陸前莊出土

山西省考古研究所藏

口微斂，折沿，方唇，沿立二拱形耳。深腹，圜底，下附三個中空柱狀足。腹上部飾帶狀獸面紋，足部飾獸面紋。與此鼎同出一批青銅器，包括有大方鼎和另一件大圓鼎，均爲商代二里崗期青銅重器。（孫廣清）本圖攝影：李建生

三四　獸面紋方鼎

商早期
高一〇〇、口沿邊長六二・五、寬六〇・八厘米
一九七四年河南鄭州張寨南街出土
中國歷史博物館藏

直口，折沿，方唇，口部近似正方形，口沿加厚，有臺階狀唇邊。沿立二拱形耳，略向外張，內側爲素面，外側有凹槽。斗形方腹，平底，四個空柱足，足底作圓鼓狀。腹飾獸面紋和乳釘紋。獸面紋共八組，腹壁四面上部各一組，四個轉角處又各一組。乳釘紋飾于每壁的兩側和下部。足上部飾獸面紋，下部飾弦紋。

此方鼎爲商代二里崗期青銅器中最大的一件。器壁匀薄，造型規整大方。鼎外壁在獸面紋帶下加乳釘紋框的裝飾方法，對晚商和周初方鼎頗有影響。（孫廣清）

三五　獸面紋方鼎

商早期
高八七、口沿邊長六七、寬六一厘米
一九七四年河南鄭州張寨南街出土
河南省博物館藏

口部近似方形，口沿加厚，有臺階狀唇邊。兩耳略向外張，耳外側有凹槽，內側爲素面。斗形方腹，平底，下附四個圓柱形空足。腹飾獸面紋和乳釘紋。獸面紋共八組，腹壁四面上部各一組，四個轉角處又各一組。乳釘紋飾于每壁的兩側和下部。足上部飾獸面紋，下部飾弦紋，足底部作圓鼓狀。（孫廣清）

三六　獸面紋方鼎

商早期
高八一、口長五五、寬五三厘米
一九八二年河南鄭州向陽回族食品廠出土
河南省鄭州市博物館藏

直口，方唇，折沿，圓拱形雙立耳。斗形方腹，平底，四個圓柱形空足。上腹飾帶狀獸面紋，鼎腹四隅和下腹的周圍飾帶狀乳釘紋。腹外壁和底、足間有烟炱痕。

同出另一方鼎，形制、大小、紋飾相近，只是殘破一些。（孫廣清）

三七　獸面紋方鼎

商早期
高八二、口沿邊長五〇厘米
一九九〇年山西平陸前莊出土
山西省考古研究所藏

立耳，平唇，直腹壁，平底，空柱形足，上粗下細。鼎體成正方形，耳外側有圓拱形凹槽。腹部飾有獸面紋和乳釘紋。獸面紋共八組，腹壁四面上部各一組，四個轉角處又各一組。乳釘紋位于每壁的兩側和下部。足中部飾獸面紋，上下各有兩周弦紋。

（陶正剛）　本圖攝影：李建生

三八　獸面紋扁足鼎

商早期
高一四、口徑一三·一厘米
上海博物館藏

平折口沿，上有一周加厚唇邊，口上設一對小立耳。深腹略外鼓，圜底，下有三條扁足，一足爲舊補。扁足作抽象的龍形，龍口侈張托住鼎腹。腹飾獸面紋，以聯珠紋爲欄。（周　亞）

三九　獸面紋扁足鼎

商早期

高一九·四、口徑一六厘米

上海博物館藏

立耳，平折沿，直壁，深腹，圜底。三扁足作抽象的龍形，張口托腹，上吻突出，形如棱脊。腹飾一周粗獷的帶狀獸面紋。

（周　亞）

四〇　雲雷紋扁足鼎

商早期

高三一·七、口徑一九厘米

一九八二年河南鄭州向陽回族食品廠出土

河南省文物考古研究所藏

敞口，折沿，方唇，沿立二拱形耳。淺鼓腹，下收爲圜底，三扁足。上腹飾帶狀雲雷紋，上下界以聯珠紋。扁足呈抽象的長吻獸狀，有夔紋裝飾。

（楊育彬）

四一　獸面紋鼎

商中期

高一八、口徑一四厘米

一九七七年北京平谷劉家河出土

北京市文物研究所藏

斂口，折沿，沿立二直拱形耳，深鼓腹，圜底，下附三個圓錐狀空足。腹飾獸面紋。

（孫廣清）

四二　獸面紋鼎

商中期

高二四·九、口徑一八·八厘米

上海博物館藏

口微斂，折沿，立耳大而厚實。淺腹，下附三個很長的圓錐足，形制較爲特殊。腹飾獸面紋，除雙目外，紋飾的其餘部分均由細密的雷紋組成。

（周　亞）

四三　獸面紋鼎

商中期

高二二、口徑一七厘米

一九七一年山西長子北高廟出土

山西省長子縣博物館藏

立耳，外撇，敞口，深腹圓鼓，圜底，尖足。上腹部飾有一周獸面紋帶。其他均爲素面。

（陶正剛）

四四　波狀紋鼎

商中期

高三八·五、口徑三二·九厘米

一九五二年河南輝縣褚邱出土

河南省新鄉市博物館藏

折沿，方環耳，束頸，鼓腹，圜底，圓錐足。頸飾一周波狀紋。

（孫廣清）

四五　雷紋方鼎

商中期

高一四·二、邊長一一、寬八·七厘米

一九七七年北京平谷劉家河出土

北京市文物研究所藏

直口，口沿外折，雙直耳，長方斗形腹，平底，下附橢圓錐狀實足。腹四周飾雲雷紋，上下界以聯珠紋。

（孫廣清）

四六　卧虎獸面紋方鼎

商中期

高九七、口縱四九·三、口橫五八厘米

一九八九年江西新干大洋洲出土

江西省博物館藏

折沿方唇，外槽式立耳，耳上各卧一虎。直壁深腹，平底，圓柱足中空。腹上部及四角各飾用凸起的細線條組成的獸面紋，腹兩側和下側均飾排列規整的乳釘紋，足上端飾浮雕式羊角獸面紋，并有棱脊。這件大方鼎的形制、紋飾與鄭州等地出土的獸面紋大方鼎相同，應是中原地區商代中期的鑄品。立耳上的卧虎，據其澆鑄的痕跡以及氧化呈色與器身明顯不同等特點，可以確定它們是在方鼎鑄成以後再加鑄上去的。江西新干、清江等地屢次出土立耳上加鑄卧虎的青銅鼎，這應是當地青銅文化的一個特徵。所以此器立耳上的卧虎也應當是方鼎運抵當地之後才加鑄上去的，具體的加鑄時間，是一個值得探討的問題。

這裏遠離中原，却有着商文化的强烈影響，殊堪注意。（周　亞）

四七　獸面紋扁足鼎

商中期

高一四·七、口徑一七厘米

一九七九年河南郾城攔河潘出土

河南省郾城縣許慎紀念館藏

侈口，寬折沿，上立二直耳。圓腹，圜底，下附三扁足。頸部飾斜角目雲紋，腹飾獸面紋，足飾變形夔紋。（孫廣清）

四八　×紋鬲

商早期

高一九、口徑一三·五厘米

一九五四年河南鄭州楊莊出土

河南省博物館藏

斂口，折沿，沿面有加厚的唇邊折棱。立耳，深腹，分襠，四棱形錐狀空心足。頸飾弦紋，腹飾×紋和人字形紋。

（王　瑋）

四九　人字紋鬲

商早期
高二〇、口徑一五·六厘米
一九五四年河南鄭州楊莊出土
河南省博物館藏

斂口，折沿，立耳，深腹，下部微分襠，三空錐狀足。頸飾弦紋，腹外壁飾雙線人字紋。範縫清楚，弦紋和人字紋的接縫上下錯開，說明三塊外範套扣時不够嚴密。

（王　瑋）

五〇　人字紋鬲

商早期
高三五、口徑二二厘米
一九七四年河南鄭州張寨南街出土
河南省博物館藏

斂口，沿稍翻卷，上有二立耳。鼓腹，分襠，下有三錐狀實足。頸飾三周弦紋，腹飾三組雙線人字紋。

（王　瑋）

五一　亘鬲

商早期
高二二、口徑一五·四厘米
中國歷史博物館藏

侈口，立耳，短頸，高分襠袋足，足尖中空。頸飾三道弦紋，腹部沿襠上飾相連的雙線人字紋。器內壁近口沿處鑄一銘文，銘文釋爲「亘」字，屬于商代青銅器較早的銘文之一。

（孫廣清）　本圖攝影：孫克讓

五二　獸面紋鬲

商早期

高一八、口徑一四·四厘米

一九五一年河南輝縣琉璃閣出土

中國歷史博物館藏

侈口，折沿，方唇，沿上立一對半環形耳。鼓腹，分襠，錐足。頸飾獸面紋，腹飾雙線人字紋。

（孫廣清）

五三　雷紋鬲

商早期

高一八·五、口徑一四厘米

一九七四年河南新鄭望京樓出土

河南省新鄭縣文物保管所藏

口微斂，沿外折，深腹圓鼓，分襠，三空錐足。頸飾雷紋，上下界以聯珠紋。

（孫廣清）

五四　弦紋鬲

商早期

高二三·六、口徑一四·八厘米

一九七三年陝西城固龍頭鎮出土

陝西省城固縣文化館藏

斂口，斜沿外侈，立耳，錐足中空，分襠，三足上合範線明顯。口沿下飾弦紋兩道，腹飾人字紋。

（苟保平）

五五　雲雷紋鬲

商中期

高二一·二、口徑一五·二厘米

一九七二年陝西岐山京當出土

陝西省岐山縣博物館藏

侈口，折沿，沿上一對繩狀立耳，分襠袋足，錐狀實足尖。頸飾雲雷紋，上下界以聯珠紋。腹襠飾雙線人字紋。（孫廣清）

五六　夔紋鬲

商中期

高一六·五、口徑一三厘米

一九五五年河南鄭州白家莊出土

中國歷史博物館藏

口微斂，沿外卷，頸略收，腹外鼓，分襠，下附三個圓錐狀矮足。頸飾夔紋上下界以聯珠紋。襠足間各飾雙線人字紋。同出另一鬲，形制、紋飾、大小相同。（孫廣清）

五七　獸面紋鬲

商中期

高一五·二厘米

美國舊金山亞洲藝術博物館藏

斂口，折沿，方唇，沿上立二拱形耳。深腹爲分襠袋形，下有三個圓錐狀足。頸腹間飾變形獸面紋，腹飾雙目形和人字形紋。此鬲雙目形紋較少見。（楊育彬）

五八　獸面紋鬲

商中期

高一五·七、口頸一三·六厘米

一九八二年山西洪洞上村出土

山西省考古研究所藏

盤形口，直沿，沿上立一對環形耳，深腹，分襠，三錐形足。頸下與腹部均飾獸面紋。（孫廣清）　本圖攝影：李建生

五九　獸面紋鬲

商中期

高一九・二、口徑一四・六厘米

上海博物館藏

侈口，立耳，高頸，腹部爲袋形分襠，下接三個粗短的空錐足。一耳與一足相垂直，另一耳的位置在兩足之間，保留着商代早期青銅器的形制特點。頸飾變形夔紋，腹部以每一袋腹爲單位滿飾獸面紋，紋飾粗獷，布局合理，是同時期青銅鬲中之精品。

（周　亞）

六〇　獸面紋四足鬲

商中期

高二三・二、口徑二一厘米

一九八一年陝西城固龍頭鎮出土

陝西歷史博物館藏

直口，寬沿外折，短頸近直，鼓腹分爲四個袋形襠，下爲四足。頸部飾雷紋，腹襠飾立體感較强的獸面紋。刻劃的紋飾線條內有黑色物。整體造型奇特，非常罕見。

（苟保平）

六一　獸面紋爵

商早期

高一四・五、流尾長一四・二厘米

一九七六年河南中牟黄店出土

河南省博物館藏

敞口，長流，尖尾，口邊加厚，立一對釘帽狀矮柱。束腰，腹微鼓，平底，下有三個三棱錐狀足。腰飾聯珠紋，腹飾單線獸面紋。

（王　瑋）

六二　獸面紋爵

商早期

高一四·二、流尾長一三·八厘米

一九五一年河南輝縣琉璃閣出土

中國歷史博物館藏

窄流，尖尾，流口間立二小柱。器身呈橢圓形，鼓腹，平底，下附三個四棱錐足。腰部飾單線獸面紋。

（孫廣清）

六三　獸面紋爵

商早期

高一五·二、流尾長一三·二厘米

一九六四年河南鄭州楊莊出土

河南省博物館藏

長流，尖尾，流口處立有一對釘帽狀矮柱。直腰，腹微鼓，平底，下附三棱錐足。腰部有鋬的一側飾目紋，另一側飾獸面紋。

（王　瑋）

六四　獸面紋爵

商早期

高一四、流尾長一四·六厘米

上海博物館藏

狹流略上揚，短尾，口沿有加厚的唇邊，流口相連處有一對較小的釘狀柱。扁而寬的杯體，下段外鼓，作分段式。平底，下接三條三棱形尖足。腹部紋飾用突起的線條勾勒而成，有鋬的一側飾雙目，另一側飾無目的變形獸面紋。

（周　亞）

六五、六六　獸面紋爵

商早期

高一八·五、流尾長一七厘米

一九五五年河南鄭州白家莊出土

河南省鄭州市博物館藏

橢圓形口，長流，短尾，矮柱，束腰，腰腹間有明顯分界。平底，三棱錐足。腰飾獸面紋。出土時底部有烟燻痕，流口處粘附有編織物痕跡。（孫廣清）

六七　獸面紋爵

商早期

高一四・六、流尾長一五厘米

上海博物館藏

狹流，短尾，釘狀柱。杯體分段，作折肩直壁的式樣，與同時期分段式爵下腹作斜壁外鼓的式樣有別。底微圜，三棱形足。腹下部飾線條簡練的獸面紋。（周　亞）

六八　獸面紋獨柱爵

商早期

高一五・一、流尾長一六・七厘米

一九七四年湖北黃陂盤龍城出土

湖北省博物館藏

管狀長流，尖尾，流口間立釘帽狀矮獨柱。束腰，斜腹，平底，下附三棱錐狀尖足。長流上有鑄縫凸起遺存。腰飾獸面紋。作爲管狀流的爵很是少見。（劉家林）

六九　獸面紋爵

商早期

高一七・六、流尾長一四・二厘米

一九六五年河南鄭州銘功路出土

河南省鄭州市博物館藏

橢圓形敞口，窄長流，尖短尾，流口相接處有明顯分界，立一對釘帽形矮柱。束腰，鼓腹，底近平，三棱錐足。器側有扁棱形鋬。腰飾雲雷紋，腹飾獸面紋。出土時器底有烟燻痕。（孫廣清）

七〇　獸面紋獨柱爵

商中期
高一七、流尾長一四·二厘米
一九五一年河南輝縣琉璃閣出土
中國歷史博物館藏

窄流，尖尾，流口間立一矮獨柱。束腰，鼓腹，底部近平，三個錐狀足。腰和腹均飾獸面紋，其上下分別界以聯珠紋。

（孫廣清）

七一　夔紋爵

商中期
高二三、流尾長一七厘米
一九七九年河南郾城攔河潘出土
河南省郾城縣許慎紀念館藏

長流，尖尾，流口間有二矮菌狀柱，底近平，下附三棱錐足，足外撇。腰部和腹部均飾變形夔紋，其腰上和腹下還界以聯珠紋。

（孫廣清）

七二　獸面紋獨柱爵

商中期
高一八·七、流尾長一四厘米
一九五四年河南鄭州楊莊出土
河南省博物館藏

敞口，長流，尖尾，流口間立一獨柱。腰內收，鼓腹，底微圜鼓，三棱錐足。器側鋬較細。柱帽作圓錐形，飾渦紋。腰和腹均飾獸面紋，并分別界以聯珠紋。

（孫廣清）

七三　獸面紋獨柱爵

商中期
高一七、流尾長一三厘米
一九八一年陝西城固龍頭鎮出土
陝西歷史博物館藏

窄流稍長，尖尾較短，流口間立菌狀獨柱。腰微鼓，下腹內收，圜底，三棱錐尖足外撇。腰飾獸面紋，上下界以聯珠紋。

（苟保平）

七四　獸面紋獨柱爵

商中期
高一七、口徑七·五厘米
一九七一年山西長子北高廟出土
山西省長子縣博物館藏

橢圓形口，長流，尖尾，菌狀柱，流口相接處有明顯分界，束腰，鼓腹，圜底，體成卵形。腹部有一扁圓形鋬，三棱錐足。腹部飾有一周獸面紋。

（陶正剛）　本圖攝影：李建生

七五、七六　獸面紋爵

商中期
高一九·六、流尾長一五厘米
上海博物館藏

長流，短尾，流口處有一對較高的菌形柱。杯體作橢圓形，不分段，圜底，下接三刀形扁足外撇。這是商代早期爵向商代晚期爵的過渡形式，并成爲商代晚期以後青銅爵器形的直接來源。爵腹飾獸面紋，并欄以聯珠紋，其構圖與裝飾手法尚保留有一些較早的藝術特徵，但較之商代早期的獸面紋，其線條要更爲宛轉流暢。

（周　亞）

七七　獸面紋爵

商中期
高一八·三、流尾長一七·一厘米
上海博物館藏

窄流，尖尾，流口間立二釘狀柱。直腰，鼓腹，平底，三棱形錐足外撇。腰飾細線條構成的獸面紋，并以聯珠紋爲上下欄。腹部的獸面紋，則是由寬闊的條紋組成。

（周　亞）

七八　獸面紋爵

商中期
高一八・六、流尾長一八厘米
上海博物館藏

狹流，短尾，釘狀柱，頸、腹部分段明顯，平底，三棱形足。頸飾細線獸面紋，腹飾寬線條的獸面紋。

七九　獸面紋獨柱爵

商中期
高三八・七、流尾長二一・五厘米
一九六五年安徽肥西館驛出土
安徽省博物館藏

流稍長，短尖尾，流口間立傘狀獨柱。腰部近直稍內收，下腹略大亦爲直壁，腰腹間有折棱。平底，三棱錐足稍外撇。柱頂飾渦紋，腰和腹均飾由雲雷紋組成的獸面紋。

（楊育彬）

八〇　弦紋斝

商早期
高二〇・三、口徑一五・二厘米
安徽六安出土
安徽省博物館藏

敞口，沿上立一對圓釘帽狀矮柱，頸內收，鼓腹，平底，下附三個三棱形空足。頸部飾三道弦紋。

此斝出于六安，同出還有銅觚等。這裏是偃姓古國六的所在地，發現商代二里崗期典型器物，很有學術價值，應引起注意。（孫廣清）　本圖攝影：孫克讓

八一　雲雷紋斝

商早期

高二〇、口徑一六・五厘米

一九五八年河南鄭州出土

河南省鄭州市博物館藏

敞口，沿上立二菌狀柱。束腰，鼓腹，平底，下附三個三棱空錐足。腰飾細線條雲雷紋。

（孫廣清）

八二　獸面紋斝

商早期

高二四・五、口徑一五厘米

一九五九年河南鄭州出土

河南省博物館藏

敞口，沿立二菌狀柱。束腰，深鼓腹，底近平，下有三個四棱錐足。柱頂飾渦紋，腰飾由夔紋等組成的獸面紋。

（王　瑋）

八三　獸面紋斝

商早期

高二八・五、口徑一九・四厘米

一九七九年河南鄭州出土

河南省博物館藏

敞口，沿立二菌狀柱，束腰，鼓腹，平底，下有三個三棱錐狀空足。柱頂飾渦紋，腰和腹各飾一周獸面紋。

（王　瑋）

八四　獸面紋斝

商早期

高二七・八、口徑一七厘米

一九七五年河南新鄭望京樓出土

河南省新鄭縣文物保管所藏

敞口，沿立二菌狀柱，束腰，鼓腹，底部近平，下附三棱錐狀空足。柱頂飾渦紋，腰飾獸面紋。

（孫廣清）

八五、八六　獸面紋斝

商早期

高二五、口徑一七·四厘米

一九五八年河南鄭州出土

河南省鄭州市博物館藏

敞口，沿立一對菌狀柱。束腰，鼓腹，平底，三棱錐足。柱頂飾渦紋，腰飾獸面紋，環繞器腹有七個圓渦紋。

（孫廣清）

八七　夔紋斝

商早期

高二六、口徑一七·九厘米

一九五五年河南鄭州白家莊出土

中國歷史博物館藏

敞口，沿立二菌狀柱，長頸內收，鼓腹，平底，三棱錐空足。頸下飾寬線條夔紋，上下界以聯珠紋。腹飾七個圓渦紋。此斝屬于該期偏晚器。

（孫廣清）　本圖攝影：孫克讓

八八　獸面紋斝

商早期

高二九·七、口徑一九·七厘米

一九七四年湖北黃陂盤龍城出土

湖北省博物館藏

敞口，沿立二菌狀柱，長頸內收，鼓腹，底微凸，三棱錐空足。頸下飾獸面紋，腹飾圓渦紋。總體看，該斝爲同期器中偏晚者。

（孫廣清）

八九　獸面紋斝

商早期
高三二、口徑二二厘米
一九七四年湖北黃陂盤龍城出土
湖北省博物館藏

敞口，沿立二菌狀柱，束頸，鼓腹，底微圜，下附三個三棱錐狀空足。頸部飾獸面紋。

（劉家林）

九〇　三角雷紋斝

商早期
高二一·三、口徑一四·三厘米
一九七三年河南鄭州出土
河南省開封市博物館藏

敞口，口沿立一對菌狀柱，束腰，分襠，扁圓錐足。柱頂飾渦紋，腰部飾三角雷紋和聯珠紋，分襠足間飾雙線人字紋。

（唐冬冬）

九一、九二　獸面紋斝

商中期
高二二、口徑一六厘米
一九五五年河南鄭州白家莊出土
河南省鄭州市博物館藏

敞口，沿立菌狀柱。頸內收，鼓腹，圜底，三棱空足。腹飾獸面紋。出土時器表粘附有白色編織物和木質痕。

（孫廣清）

九三　獸面紋斝

商中期
高二〇、口徑一四·五厘米
一九七八年河南武陟大駕出土
河南省武陟縣博物館藏

敞口，束頸，鼓腹，圜底，三個圓錐狀空足。口沿上立二菌狀柱，器側有大鋬。頸飾弦紋，腹飾獸面紋。

（千平喜）

九四　夔紋斝

商中期
高二三、口徑一四·八厘米
一九七九年河南郾城攔河潘出土
河南省郾城縣許慎紀念館藏

敞口，沿立二菌狀柱。束腰，鼓腹，平底，下附三個三棱錐狀空足。柱頂飾渦紋，腰和腹均飾變形夔紋。

（孫廣清）

九五　獸面紋斝

商中期
高二八·五、口徑一七·二厘米
一九五四年河南鄭州白家莊出土
河南省博物館藏

敞口，沿立一對菌狀柱。腰內收，腹外鼓，平底，下附三個四棱錐狀空足。柱頂飾渦紋，腰與腹均飾單線構成的獸面紋和聯珠紋。

（王　瑋）

九六　獸面紋斝

商中期
高二七·三、口徑一五·八厘米
上海博物館藏

敞口，口沿有一周加厚的唇邊，沿上立一對菌形柱。高頸鼓腹，分段明顯，底近平，下承三條粗壯的三棱形空錐足。頸飾凸起的細線條構成的獸面紋，上下以聯珠紋爲欄，腹部獸面紋則以剔地的線條刻劃而成。頸、腹紋飾一陽一陰，形成對比，爲商代中期青銅器裝飾特徵之一。

（周　亞）

九七、九八　獸面紋斝

商中期

高三一·一、口徑一八·四厘米

上海博物館藏

敞口，口部有加厚的唇邊，上設兩個較高的菌形柱。高頸，腹部分襠如袋形，下接與腹相通的空錐足。頸飾三組帶狀獸面紋，并以聯珠紋爲欄，爲商代早期青銅器上習見的裝飾圖案。然而在每一個豐腴的袋形器腹上，都妥貼地滿飾彎角、巨睛、體軀上揚的獸面紋。這種雙目極度誇張的獸面紋，具有典型的商代中期青銅器紋飾特徵。器形、紋飾如此典雅華麗的商代中期青銅斝現存僅此一例。

（周　亞）

九九　目雷紋斝

商中期

高一七·九、口徑一二·一厘米

一九七四年河南靈寶東橋出土

河南省靈寶縣文化館藏

敞口，口沿上立二菌狀柱。束頸，鼓腹，下附三個剖面爲T字形足。器側有一個大鋬。柱頂飾渦紋，頸飾目雷紋。這是商代中期斝的典型器物。

（孫廣清）

一〇〇　弦紋盉

商早期

高二二·三厘米

一九五八年河南鄭州熊耳河出土

河南省鄭州市博物館藏

頂部隆起，有鷄心形口，管狀流。流的左右各有一個圓乳釘，與流組成獸面。上腹微斂，分襠，袋足。上腹飾弦紋。

（孫廣清）

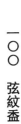

一〇一　弦紋盉

商早期
高二一厘米
一九七一年河南鄭州東里路出土
河南省博物館藏

圓頂隆起，管狀流前伸，有鷄心形口。分襠三袋足，器側有大鋬。上腹飾弦紋。

（孫廣清）

一〇二　獸面紋盉

商早期
高二五厘米
一九七六年河南中牟黄店出土
河南省博物館藏

頂圓鼓，鷄心形口，管狀流，器側有大鋬，器身分襠，下有三個袋形空足。管流兩側飾二圓餅形，構成一個簡單的獸面。頸飾三組單線獸面紋。

（王　瑋）

一〇三　獸面紋盉

商早期
高三六厘米
一九七四年湖北黄陂盤龍城出土
湖北省博物館藏

頂部隆起，開長方口，并置上粗下細的斜長管狀流，器側有大鋬，分襠爲三個袋形空足。管流兩旁有二圓餅形飾，組成一個簡單的獸面。頸飾獸面紋。

（劉家林）

一〇四　獸面紋盉

商早期

高二五·四厘米
美國舊金山亞洲藝術博物館藏

頂圓鼓，圓形口，斜管狀流，管流兩側有雙目裝飾，組成簡單獸面。器側有大鋬。有三大袋足。頸飾獸面紋。

（孫廣清）

一〇五　獸面紋尊

商早期
高二五、口徑二〇厘米
一九七四年河南偃師塔莊出土
河南省偃師商城博物館藏

敞口，斂頸，寬肩，鼓腹，圜底，圈足。頸飾弦紋，肩飾雲雷紋和聯珠紋，腹飾獸面紋及聯珠紋，圈足上有三個十字鏤孔。

（孫廣清）

一〇六　獸面紋牛首尊

商早期
高三〇·五、口徑二八厘米
一九八二年河南鄭州向陽回族食品廠出土
河南省鄭州市博物館藏

敞口，斂頸，寬肩，鼓腹，圜底，圈足。頸飾弦紋兩周，肩飾三個凸起的牛首，牛首間飾夔紋和聯珠紋，腹飾獸面紋，圈足有三個十字鏤孔。

同出另一尊，造型、紋飾相同，但形制更大一些。

（孫廣清）

一〇七　獸面紋牛首尊

商早期
高三三·七、口徑二八厘米
一九六一年河南鄭州人民公園出土
河南省博物館藏

敞口，頸內收，圓肩，鼓腹，圜底，圈足。頸下飾弦紋三周，肩飾三個近似浮雕牛首裝飾并間以變形動物紋，腹飾獸面紋，圈足飾弦紋和三個鏤孔。

（王　瑋）

一〇八　獸面紋尊

商中期
高三四·九厘米
加拿大多倫多皇家安大略博物館藏

大敞口，高頸，折肩，深腹，圈足較高，有三個大圓孔。頸飾弦紋三道，肩飾變形龍紋，腹部飾獸面紋。

一〇九、一一〇　獸面紋羊首尊

商中期
高二五、口徑一八·三厘米
一九八〇年陝西城固龍頭鎮出土
陝西歷史博物館藏

敞口，束頸，弧肩，鼓腹，高圈足。頸飾弦紋，肩置三個等距高浮雕卷角羊首裝飾，羊首間飾以夔紋，上下界以聯珠紋。腹飾獸面紋，其上下亦飾聯珠紋。圈足有三個圓形鏤孔，其下飾夔紋。

（苟保平）

一一一　獸面紋羊首尊

商中期
高二四、口徑一七·七厘米
一九八〇年陝西城固龍頭鎮出土
陝西省城固縣文化館藏

敞口，束頸，弧肩，鼓腹，高圈足。頸飾弦紋，肩飾三個高浮雕羊首紋，并間以夔紋和聯珠紋。腹飾獸面紋，上下亦界以聯珠紋。圈足上部有圓形鏤孔，下部飾夔紋。

（苟保平）

一一二　獸面紋牛首尊

商中期

高二五·五、口徑二四厘米

上海博物館藏

敞口，頸內收，折肩，腹部漸內斂成圜底，圈足上有三圓孔。肩飾三個浮雕狀牛首，腹飾外卷角形獸面紋，并欄以聯珠紋，紋飾精細規整。（周　亞）

一一三　獸面紋牛首尊

商中期

高二九·五、口徑三〇厘米

一九七四年河南靈寶東橋出土

河南省靈寶縣文化館藏

敞口，束頸，折肩，鼓腹，圜底，圈足。頸下飾弦紋，肩部有三條勾雲狀扉棱，扉棱兩側飾三組用雷紋作地的獸面紋。獸面紋之間鑄有三個牛首。腹部亦飾三組獸面紋，間以三條扉棱與肩部對應。圈足上部飾兩周弦紋和三個鏤孔，下部飾以雷紋作地的獸面紋。此類尊立體感很强，紋飾繁縟，開商晚期所謂「三層花」的先河。此器或以爲是商代中、晚期之際的鑄品，與殷墟青銅器的特徵比較接近。（孫廣清）

一一四　獸面紋牛首尊

商中期

高二四·九、口徑二一·七厘米

一九五四年河南鄭州人民公園出土

河南省博物館藏

敞口，頸內收，折肩，鼓腹，圜底，圈足。頸飾弦紋三周。肩飾三牛首、夔形動物紋及夔紋形扉棱，還飾以聯珠紋。腹部飾獸面紋和聯珠紋，亦有三夔紋形扉棱與肩部的相對應。圈足飾獸面紋和三個鏤孔。此器或以爲是商代中、晚期之際的鑄品，與殷墟青銅器的特徵比較接近。（王　瑋）

一一五、一一六　獸面紋尊

商中期

高四七、口徑三九·三厘米

一九五七年安徽阜南月牙河出土

安徽省博物館藏

敞口，折肩，腹下部稍內收，高圈足。頸飾三道弦紋。肩飾三個獸首并間以扉棱，其間飾雲紋。腹飾獸面紋。圈足有三個十字鏤孔，并飾弦紋。

（楊育彬）

一一七—一一九　龍虎紋尊

商中期

高五〇·五、口徑四五厘米

一九五七年安徽阜南朱砦潤河出土

中國歷史博物館藏

敞口，折肩，下腹稍內收，高圈足。頸飾三道弦紋。肩飾凸起的三龍紋，龍首伸出作下視狀。腹部有三道扉棱，其間飾雙身虎紋，虎首突出作食人狀。圈足有三個十字鏤孔，下飾獸面紋。

（楊育彬）

一二〇　獸面紋三鳥尊

商中期

高一六、口徑二〇厘米

一九五二年河南輝縣褚邱出土

河南省新鄉市博物館藏

敞口，寬肩，鼓腹，圈足。頸飾弦紋，肩飾三隻凸出的鳥，并間以雲雷紋。腹飾獸面紋。圈足飾夔紋和鏤孔。此器或以爲是商代中、晚期之際的鑄品，與殷墟青銅器的特徵比較接近。

（孫廣清）

一二一　獸面紋罍

商早期

高二四、口徑一三·一厘米

一九六八年河南鄭州二里崗出土
河南省鄭州市博物館藏

直口，卷沿，高頸，寬肩，鼓腹，圜底近平，矮圈足。頸飾弦紋，腹飾獸面紋和弦紋，圈足上有三個十字鏤孔。

（孫廣清）

一二二　獸面紋罍

商中期
高一六、口徑一一·四厘米
一九六〇年河南鄭州白家莊出土
河南省博物館藏

直口，折沿，束頸，頸部有兩個對稱的半環形鼻。折肩，鼓腹，圜底，矮圈足。頸飾弦紋，腹飾獸面紋，圈足飾弦紋和三個十字鏤孔。

（王　瑋）

一二三　獸面紋羊首罍

商中期
高三三、口徑一三·五厘米
一九八二年河南鄭州向陽回族食品廠出土
河南省鄭州市博物館藏

口微斂，折沿，長頸，折肩，深腹，腹壁較直，圜底，圈足。頸飾兩周弦紋。肩飾三個凸起的羊首，間以帶狀獸面紋。腹上部飾一周窄帶狀的斜角目雲紋，其下飾三組倒置的雙目較小的獸面紋。圈足上飾一周弦紋，并有三個方形鏤孔。

（孫廣清）

一二四　獸面紋罍

商中期
高二六、口徑一八厘米
一九七一年山西長子北高廟出土
山西省長子縣博物館藏

侈口，直頸，折肩，深腹，圜底，圈足。圈足上有三個圓形鏤孔。肩部和上腹部飾獸面紋帶，頸部有三周弦紋，腹部獸面紋上下各有二周弦紋。

（陶正剛） 本圖攝影：李建生

一二五 獸面紋罍

商中期

高三七、口徑二一厘米

一九九〇年山西平陸前莊村出土

山西省考古研究所藏

敞口，平折唇，直頸，寬折肩，深腹，圜底，高圈足。圈足上有一對十字鏤孔。頸飾三周弦紋，肩部和上腹部均有獸面紋帶，腹部上下各有一周弦紋，圈足上有三周弦紋。紋飾簡潔，線條流暢，造型優美，是商代早期佳作之一。

（陶正剛） 本圖攝影：李建生

一二六 獸面紋罍

商中期

高二六·六、口徑一五厘米

一九七九年河南郾城攔河潘出土

河南省郾城縣許慎紀念館藏

侈口，口沿向外平折，深腹，圈足。頸飾弦紋，肩飾雲紋，腹飾獸面紋，上下界以聯珠紋。圈足飾弦紋和十字鏤孔。

（孫廣清）

一二七 獸面紋罍

商中期

高二四·三、口徑一六·九厘米

一九七九年河南郾城攔河潘出土

河南省郾城縣許慎紀念館藏

侈口，方唇，直頸，折肩，腹微鼓，圈足。頸飾弦紋，肩飾目雷紋，上下界以

聯珠紋，腹飾獸面紋和目雷紋，圈足飾獸面紋和聯珠紋。（孫廣清）

一二八　獸面紋罍

商中期

高二五、口徑一三厘米

一九五五年河南鄭州白家莊出土

河南省鄭州市博物館藏

斂口，沿外卷，長頸，折肩。深鼓腹，圜底，高圈足。頸飾三個對稱的龜形圖案，可能是族徽。肩飾雲雷紋，腹飾獸面紋和雲雷紋，圈足飾弦紋和三個十字鏤孔。出土時器表粘有木質痕。（孫廣清）

一二九、一三〇　獸面紋罍

商中期

高三六·九、口徑一八厘米

一九八一年陝西城固龍頭鎮出土

陝西歷史博物館藏

侈口，長頸，折肩，深鼓腹，高圈足。頸飾弦紋，肩飾目雲紋，腹飾較凸起的獸面紋，足飾弦紋和三個十字鏤孔。（苟保平）

一三一、一三二　獸面紋罍

商中期

高三八、口徑二三厘米

一九八〇年陝西城固龍頭鎮出土

陝西省城固縣文化館藏

侈口，長頸，折肩，深鼓腹，高圈足。頸飾弦紋，肩飾夔紋，腹飾獸面紋并上下界以聯珠紋。圈足飾弦紋和三個鏤孔。（苟保平）

一三三　獸面紋罍

商中期

高三四、口徑二二厘米

一九八一年陝西城固龍頭鎮出土

陝西省城固縣文化館藏

侈口，折肩，深鼓腹，圈足。頸飾弦紋，肩飾夔紋。腹飾獸面紋，其上下并界以夔紋。圈足上部有鏤孔，下爲夔紋。

（苟保平）

一三四　聯珠紋罍

商中期

高三〇·四、口徑一八厘米

一九七四年河北藁城臺西出土

河北省文物研究所藏

侈口，方唇，長頸，折肩，深鼓腹，高圈足。肩飾兩周平行聯珠紋。腹飾三周平行聯珠紋。圈足飾弦紋和三個鏤孔。聯珠紋爲商代二里崗期青銅器流行的紋飾之一，考慮到同出的其他器物，該罍應屬商中期的偏早階段。

（冀艷坤）　本圖攝影：張　羽

一三五　獸面紋瓿

商中期

高二〇·六、口徑一七·六厘米

一九七四年河南靈寶東橋出土

河南省靈寶縣文化館藏

口微斂，圓肩，鼓腹，圈足。頸飾兩周弦紋。肩和腹上部相連處飾夔紋，上下界以聯珠紋。腹飾獸面紋和聯珠紋。圈足飾夔紋、弦紋和三個鏤孔。

（孫廣清）

一三六　獸面紋壺

商中期

高五〇、口徑一二厘米

一九八二年河南鄭州向陽回族食品廠出土

河南省文物考古研究所藏

蓋頂隆起，有菌狀鈕。肩部有一提梁，一端有一套環鏈與蓋上鈕柱相套連。壺爲小口，深鼓腹，下收爲圜底，圈足。蓋頂飾夔紋，蓋鈕頂端飾渦紋。提梁兩端作蛇頭狀，提梁表面飾多組菱形紋。頸飾夔紋組成的獸面紋，上下界以雲雷紋。腹飾豎向夔紋組成的兩組獸面紋。圈足飾兩周聯珠紋夾一周雲雷紋，并有四鏤孔。

（楊育彬）

一三七　獸面紋壺

商中期

高三一、口徑七·八厘米

一九七四年湖北黃陂盤龍城出土

湖北省博物館藏

直口，長頸，圓鼓腹，圈足。口上加蓋，蓋頂飾雲雷紋。肩附綯索狀提梁，提梁有鏈與蓋相連。肩飾獸面紋和聯珠紋。腹飾獸面紋，上下界以聯珠紋。圈足有鏤孔。

（孫廣清）

一三八　獸面紋壺

商中期

高二二、腹徑一六厘米

一九七七年北京平谷劉家河出土

北京市文物研究所藏

直口，長頸，深鼓腹，圈足。頸有綯索狀提梁，并飾有變形象紋。腹飾獸面紋，界以聯珠紋。圈足飾弦紋和十字鏤孔。

（孫廣清）　本圖攝影：張仲清

一三九　獸面紋壺

商中期

高二七・五、口徑六厘米

一九八一年陝西城固龍頭鎮出土

陝西歷史博物館藏

小口，有蓋，長頸，圓肩，鼓腹，圜底，圈足。肩附半環鈕套以綯索狀提梁，提梁與蓋有環鏈相連。蓋頂四組獸面紋并間以豎向聯珠紋，頸有三周弦紋，肩飾夔紋，腹飾獸面紋并上下界以聯珠紋，圈足有兩鏤孔。

（苟保平）

一四〇　獸面紋壺

商中期

高三一・五、口徑九・九—一二・五厘米

一九八〇年陝西城固龍頭鎮出土

陝西省城固縣文化館藏

侈口，有蓋，折肩，深鼓腹，矮圈足。通體呈橢圓形。頸側有對稱半環形鈕，安有提梁。蓋與提梁有鏈相連。蓋飾獸面紋與一周聯珠紋，提梁面上飾雲紋，頸飾弦紋，肩飾變形夔紋及聯珠紋，腹飾獸面紋，其上下界以目雲紋，圈足有方形鏤孔。

（苟保平）

一四一、一四二　乂壺

商中期

高二五・三、腹徑一五・三厘米

上海博物館藏

小口有蓋，長頸，圓肩，鼓腹，圈足。足上有三圓形鏤孔。肩兩側各有一繫，可穿梁提携。肩飾獸體目紋，腹滿飾獸面紋，其體部迂迴曲折，非常複雜，這種形式的獸面紋極爲罕見。圈足內壁鑄一銘文「乂」，可能是鑄器者之族徽，它應屬現存最早的青銅器銘文之一。

（周　亞）

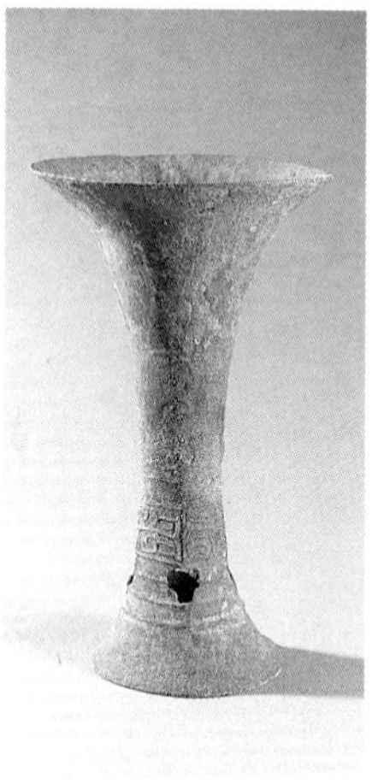

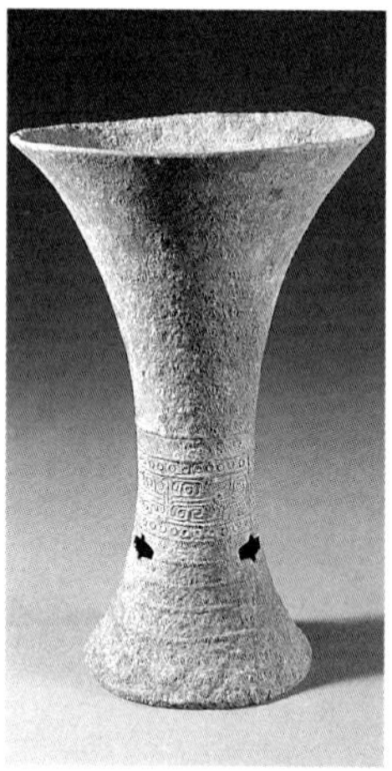

一四三、一四四　獸面紋三足壺

商中期
高三一·五、口徑八厘米
一九八〇年陝西城固龍頭鎮出土
陝西省城固縣文化館藏

小口有蓋，長頸，斜肩，深鼓腹，下附獸頭形三足。頸部有鈕可繫梁。蓋飾獸面紋，口下飾雷紋，頸飾弦紋，斜肩飾變形夔紋，腹飾獸面紋。造型較爲奇特。（苟保平）

一四五　獸面紋觚

商早期
高二〇·五、口徑一二·五厘米
一九五五年河南鄭州白家莊出土
河南省博物館藏

大敞口，束腰，高圈足。腰飾獸面紋，圈足飾弦紋和三個十字鏤孔。（孫廣清）

一四六　獸面紋觚

商早期
高一五·七、口徑一〇厘米
一九八二年河南鄭州北二七路出土
河南省文物考古研究所藏

敞口，束腰，平底，圈足。腰飾弦紋和獸面紋，圈足飾弦紋和十字鏤孔。圈足底有折棱。（楊育彬）

一四七　獸面紋觚

商早期
高二五·七、口徑一三·八厘米
安徽六安出土

安徽省博物館藏

敞口，束腰，平底，圈足。器身較細長。腰飾獸面紋和弦紋，圈足飾弦紋和十字鏤孔。

（孫廣清） 本圖攝影：孫克讓

一四八　獸面紋觚

商早期

高二一·二、口徑一四厘米

一九七二年陝西岐山京當出土

陝西省岐山縣博物館藏

敞口，束腰，平底，圈足。腰飾變形獸面紋，上下界以聯珠紋。圈足上有三個十字鏤孔。

（孫廣清）

一四九　獸面紋觚

商早期

高一七·八、口徑一〇·九厘米

一九六五年河南鄭州銘功路出土

河南省鄭州市博物館藏

敞口，束腰，平底，高圈足。腰飾獸面紋和弦紋，圈足飾弦紋和三個十字鏤孔。

（孫廣清）

一五〇　獸面紋觚

商早期

高一七·五、口徑一九·五厘米

一九五五年河南鄭州白家莊出土

中國歷史博物館藏

敞口，束腰，平底，圈足。腰飾獸面紋，上下界以聯珠紋。圈足飾弦紋和三個十字鏤孔。該觚通體稍矮胖。

（孫廣清） 本圖攝影：孫克讓

一五一　獸面紋觚

商早期
高一五·五、口徑一一·三厘米
一九七四年河南新鄭望京樓出土
河南省新鄭縣文物保管所藏

敞口，束腰，平底，圈足。腰飾獸面紋和弦紋，圈足上亦飾弦紋，并有三個十字鏤孔。

（孫廣清）

一五二　獸面紋觚

商早期
高一三·五、口徑一一·三厘米
一九八〇年陝西城固龍頭鎮出土
陝西省城固縣文化館藏

敞口，束腰，圈足。腰飾弦紋和細線變形獸面紋，圈足飾弦紋和四個十字鏤孔。通體較矮胖。在城固龍頭鎮出土的一批商代青銅器中，此觚屬年代最早的。

（苟保平）

一五三　弦紋觚

商中期
高一五·三、口徑一二厘米
一九五一年河南輝縣琉璃閣出土
中國歷史博物館藏

敞口，束腰，平底，圈足。腰飾弦紋，圈足飾弦紋和三個十字鏤孔。

（孫廣清）　本圖攝影：孫克讓

一五四　獸面紋觚

商中期
高一二·六、口徑一〇·二厘米
一九五一年河南輝縣琉璃閣出土
中國歷史博物館藏

敞口，束腰，平底，圈足。腰飾獸面紋，上下界以聯珠紋。圈足上部飾弦紋和十字鏤孔，下部飾變形獸面紋。

（孫廣清）　本圖攝影：孫克讓

一五五　鏤孔雷紋觚

商中期

高一六·五、口徑一二·六厘米

一九七四年湖北黃陂盤龍城出土

湖北省博物館藏

敞口，束腰，平底，圈足。器身粗矮。腰飾獸面紋和弦紋。圈足上部爲鏤空雷紋，下部飾斜角雲紋。

（孫廣清）　本圖攝影：潘炳元

一五六　夔紋觚

商中期

高一五·八、口徑一〇·六厘米

一九五二年河南輝縣出土

河南省新鄉市博物館藏

敞口，細腰，平底，圈足。腰飾夔紋和弦紋。圈足上部有三個十字形鏤孔，還飾有弦紋。足底部有折棱，并有三個小缺口。

（孫廣清）

一五七　獸面紋觚

商中期

高二〇·七、口徑一一·七厘米

上海博物館藏

器形瘦長，敞口，束腰，高圈足。下腹飾獸面紋，上下以聯珠紋爲欄。圈足上有兩個對稱的十字鏤孔，圈足接地處有折棱。

（周　亞）

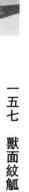

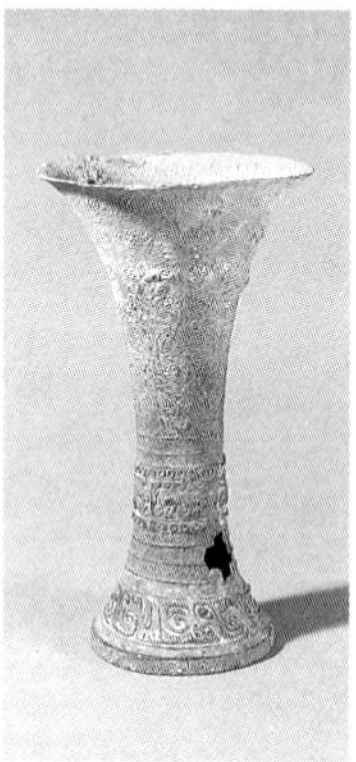

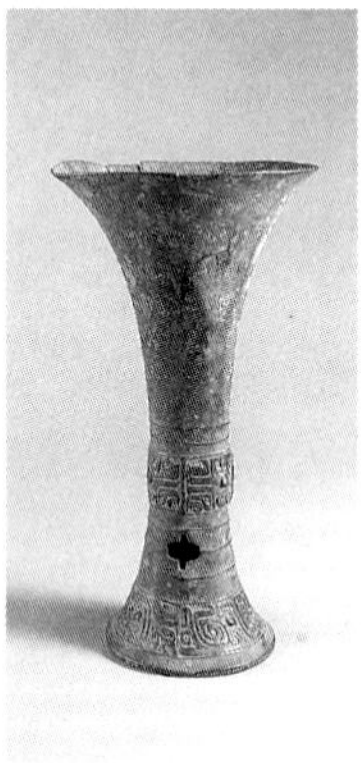

一五八　獸面紋觚

商中期
高二二、口徑一二·八厘米
一九七九年河南郾城攔河潘出土
河南省郾城縣許慎紀念館藏

敞口，束腰，平底，圈足。腰飾獸面紋，上下界以聯珠紋。圈足有一對十字鏤孔和獸面紋、弦紋等裝飾。

（孫廣清）

一五九　獸面紋觚

商中期
高二三、口頸一二·四厘米
一九五五年河南鄭州白家莊出土
中國歷史博物館藏

敞口，深腹細腰，平底，圈足。腰飾獸面紋，上下界以聯珠紋。圈足上部飾弦紋和十字鏤孔，下部飾雲雷紋。圈足底有折棱。

（孫廣清）

一六〇　獸面紋觚

商中期
高二三·四、口徑一二·五厘米
一九八〇年陝西城固龍頭鎮出土
陝西歷史博物館藏

敞口，束腰，腰中部微鼓，平底，圈足。腰飾弦紋和獸面紋，圈足飾十字鏤孔和目雲紋。

（苟保平）

一六一　獸面紋觚

商中期
高一九·七、口徑一二厘米
一九八〇年陝西城固龍頭鎮出土
陝西省城固縣文化館藏

敞口，束腰，平底，圈足。腰上部飾弦紋，其下飾變形獸面紋并上下界以聯珠紋。圈足上部飾弦紋和十字鏤孔，其下飾目雲紋。從形制和紋飾看，此觚在該地所出的一批青銅器中時代較早，至少爲商中期偏早階段。

（苟保平）

一六二　斜角雷紋觚

商中期

高一三·五、口徑一二·六厘米

上海博物館藏

敞口，粗體連圈足，圈足有十字孔。此觚與同時期青銅觚的相異之處在于其一側設牛首鋬，并有長珥下垂及地。口沿下飾斜角雷紋一道，腹下飾兩行聯珠紋。這種形制的青銅觚，或稱之爲杯，屬飲酒器。這一時期帶鋬的青銅觚并不多見，但相似的一件灰陶觚，在河南鄭州二里崗曾有出土。

（周　亞）

一六三　獸面紋簋

商早期

高二三·七、口徑二七·一厘米

一九七四年湖北黃陂盤龍城出土

湖北省博物館藏

斂口，折沿，沿面呈臺階狀。深鼓腹，圈足。腹上部飾獸面紋，圈足飾弦紋，并有鏤孔。

在二里崗期上層青銅器中，簋很少見。此種無耳簋的時代比有耳簋要早一些。

（劉家林）

一六四　獸面紋簋

商中期

高一七·八、口徑二四·八厘米

一九七四年湖北黃陂盤龍城出土

湖北省博物館藏

斂口，折沿，鼓腹，圈足。頸腹間有獸形雙耳。頸飾弦紋，腹飾獸面紋，圈足有鏤孔，并飾有弦紋。（劉家林）

一六五　乳釘雷紋簋

商中期
高一六·五、口徑二六·三厘米
一九八〇年陝西城固龍頭鎮出土
陝西省城固縣文化館藏

斂口，折沿，腹微鼓，圈足。沿頸部有兩個對稱獸首形耳。頸飾弦紋和目雲紋，腹飾雷紋及乳釘紋。圈足有鏤孔，并飾弦紋和目雲紋。此簋的造型與紋飾有一定特色。（苟保平）

一六六　夔紋盤

商中期
高一〇·五、口徑三〇厘米
一九五五年河南鄭州白家莊出土
河南省鄭州市博物館藏

敞口，沿外折，淺腹，平底，圈足。腹飾夔紋一周，圈足上有對稱的兩個十字鏤孔。出土時器表粘有木質痕。（孫廣清）

一六七　獸面紋盤

商中期
高一一·二、口徑三一·三厘米
一九七四年湖北黃陂盤龍城出土
湖北省博物館藏

敞口，寬沿外折，沿面呈臺階狀，斜弧壁內收爲平底，圈足。腹飾獸面紋，圈足飾弦紋并有鏤孔。（劉家林）

一六八、一六九　獸面紋高足杯

商中期
高二一・二、口徑一四・四厘米
一九七三年陝西扶風法門鎮出土
陝西省扶風縣博物館藏

敞口，直腹內收，高圈足。口下飾弦紋，腹飾由雲雷紋組成的獸面紋，上下界以聯珠紋。圈足有四個兩兩相對的十字鏤孔。整體造型十分別致。

（孫廣清）

一七〇　夔紋鉞

商中期
長四〇・八、刃寬二五・五厘米
一九七四年湖北黃陂盤龍城出土
湖北省博物館藏

鉞身近似梯形。扁平長內，鉞本有兩長條形穿，鉞身中央有一大圓孔。近本處及兩側均飾帶狀夔紋。

二里崗文化時期的青銅鉞內一般無穿，此鉞內特長，是爲了與鉞身平衡，別具一格。

（孫廣清）

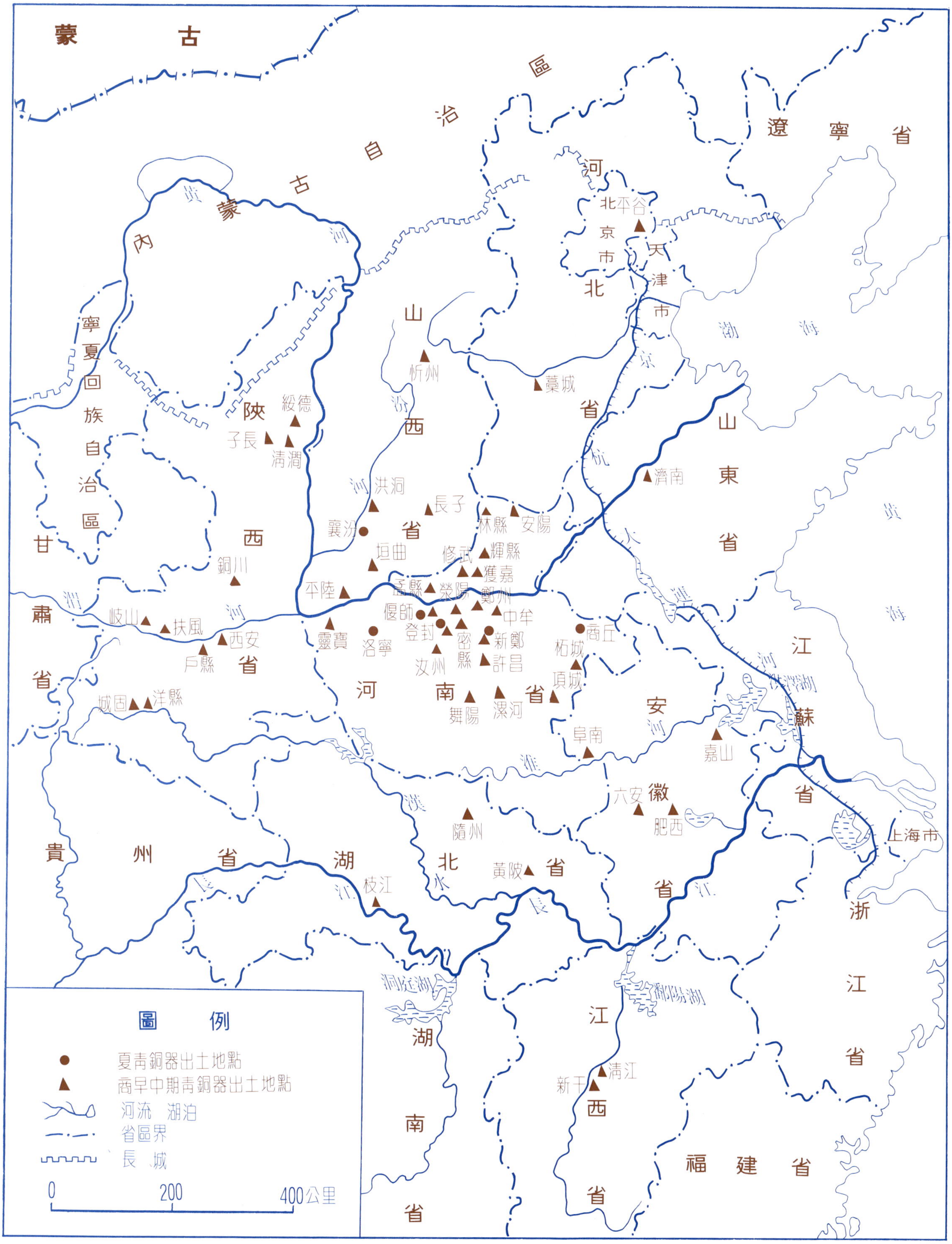

夏、商早中期青銅文化分布圖

本書編輯拍攝工作，承蒙以下各單位予以協助和支持，謹此致謝。

中國歷史博物館
中國社會科學院考古研究所
北京市文物研究所
上海博物館
天津市歷史博物館
河南省文物局
河南省博物館
河南省文物考古研究所
河南省鄭州市博物館
河南省開封市博物館
河南省新鄉市博物館
河南省靈寶縣文化館
河南省武陟縣博物館
河南省偃師縣商城博物館
河南省郾城縣許慎紀念館
河南省新鄭縣文物保管所
陝西省文物局
陝西歷史博物館
陝西省城固縣文化館
陝西省扶風縣博物館
陝西省岐山縣博物館
湖北省博物館
山西省考古研究所
安徽省博物館
河北省文物研究所
江西省博物館
美國舊金山亞洲藝術博物館
所有給予支持的單位和人士

責任編輯　張囤生
封面設計　仇德虎
版面設計　張囤生
攝　　影　王蔚波
　　　　　劉小放
　　　　　王　露
　　　　　郝勤建
繪　　圖　邱富科
　　　　　劉凱軍
責任印製　劉京生
　　　　　陳　杰
責任校對　華　新
　　　　　周蘭英

圖書在版編目（CIP）數據

中國青銅器全集．1，夏、商．1／《中國青銅器全集》編輯委員會編．—北京：文物出版社，1996．7（2018．12 重印）

（中國青銅器全集）

ISBN 978－7－5010－0889－6

Ⅰ．①中…　Ⅱ．①中…　Ⅲ．①青銅器（考古）－中國－商代－圖集②青銅器（考古）－中國－夏代－圖集　Ⅳ．①K876．412

中國版本圖書館 CIP 數據核字（2011）第 066785 號

中國美術分類全集

中國青銅器全集

第1卷　夏商　1

中國青銅器全集編輯委員會編

出版發行者　文物出版社

（北京東直門內北小街二號樓）

http://www.wenwu.com

E-mail:web@wenwu.com

責任編輯　張囤生

再版編輯　智　樸

製版者　蛇口以琳彩印製版有限公司

印刷裝訂者　河北鵬潤偉業印刷有限公司

經銷者　新華書店

一九九六年七月第一版

二〇一八年十二月第五次印刷

書號　ISBN 978-7-5010-0889-6

定價　三三〇圓